지송 보현행원품

불광출판사

머 리 말

　자기는 아주 잊어버리고 오직 일체중생을 위하여서만 산다… 영원에서 영원이 다하도록—법성(法性)이 무진(無盡)하므로 법계(法界)가 무한하며 법계가 무한하므로 시분(時分)이 무량하다. 시분이 무량하므로 중생이 무변하며 중생이 무변하므로 자비(慈悲)가 무궁하다.

　이렇듯, 중중무진(重重無盡)한 법계연기(法界緣起)의 대원리는 화엄정경(華嚴正經)에 원만구족하였으니 이는 우주의 근본법칙이며 불타의 구경교칙(究竟敎勅)이다. 따라서 심현오묘(深玄奧妙)한 이 진리를 요약한 보현보살의 행원품은 불교의 골수요 대도(大道)의 표준이다.

　광대무변한 법성의 지혜와 자비로써 무진법계의 무량중생을 위하여 무한시겁(無限時劫)이 다하도록 무애자재한 대활동을 하되 추호의 피로도 염의(厭意)도 찾아 볼 수 없는 거룩한 성행(聖行)—이것이 보현보살의 서원이며 미진제불(微塵諸佛)의 본회(本懷)이다.

　이 법을 알아 이 법을 행할 때 시방진계(十方塵界)가 극락정토 아님이 없으며 육취중생(六趣衆生)이 묘각여래(妙覺如來) 아님이 없다. 이리하여 사바(娑婆)의 모든 모순과 투쟁은 영원히 사라지고 평화와 자유로써 장엄한 대낙원의 무한한 광명이 항상 우주를 비춰 널리 싸고 있을 것이다. 현현묘묘(玄玄妙妙)한 이 진리를 이름하여 불가사의(不可思議) 해탈경계(解脫境界)라고 한다.

삼라만상 일초일목이 다 불가사의며 일체중생의 일거일동이 다 해탈경계니 참으로 불가사의 중 불가사의다. 이것은 이론에 있지 않고 실천에 있는 것이다. 이 불가사의 해탈도는 보현보살의 십대원(十大願)이 그 지침이니 이 십대원을 근수역행(勤修力行) 함으로써 누구나 다 일체중생과 더불어 화장찰해(華藏刹海)의 대 해탈인임을 알 것이다.

이 무진보장(無盡寶藏)의 성전(聖典)이 난해한 한문 속에 갇혀 있는 것을 광덕(光德)스님의 원력으로 국역이 완성되어 이에 모든 사람 앞에 널리 개방되었다.

감로(甘露)의 문은 이제 남김없이 활짝 열렸으니 이 금언성구(金言聖句)를 부지런히 독송하며 힘써 실천하여 저 보현대사(普賢大士)와 같이 미래겁이 다하도록 오직 일체중생을 위하여서만 사는 사람이 되어야 할 것이다.

암흑 속에서 헤매는 이들이여!

어둡다고만 한탄 하지 말고 두 눈을 바로 뜨자! 우리 모두가 본래부터 만고불멸(萬古不滅)의 대광명 속에서 살고 있나니….

伽倻山에서 戊申 榴夏
退翁 性徹 합장

차례

지송 보현행원품

- 1 머리말
- 4 삼귀의
- 5 발원문
- 6 개경게
- 9 보현행원품(한글본)
- 61 보현행원품(한문본)
- 97 보현행자의 서원

부록·축원문

- 151 반야보살 행원기도
- 157 영가축원
- 161 보현행원품 해설
- 165 보현행원송

삼 귀 의

거룩한 부처님께 귀의합니다
거룩한 가르침에 귀의합니다
거룩한 스님들께 귀의합니다

나무마하반야바라밀(7편)

발 원 문

　저희들이 지극한 마음 다해 시방 삼보님께 귀의하오며, 넓고 큰 원을 발하옵고, 이제 보현행원품을 지송하옵니다.
　바라옵건대 저희 조국 대한민국이 평화통일 이루옵고, 만세무궁 만만세 하여지이다.
　우리 겨레와 모든 중생이 다 맑고 밝은 큰 마음을 발하여 원만한 덕성과 뛰어난 재질을 남김없이 발휘하여지이다.
　저희들의 역대 선망 조상님과 의롭게 살다가신 선열들과 모든 애혼불자들이 모두가 고통을 벗어나서 극락세계에 왕생하여지오며, 이 경을 보거나 듣는 자 모두가 보리심을 발하여 각기의 집안과 나라와 세계를 위하여 빛나는 큰 뜻을 원만히 이루어지이다.

개 경 게

위없이 심히 깊은 미묘법이여
백천만겁인들 어찌 만나리,
내 이제 보고 듣고 받아지니니
부처님의 진실한 뜻 알아지이다.

보현행원품 (한글본)

보현보살께서 말씀하신 10종 행원은 부처님의 무량공덕을 우리의 현실 위에 발휘하는 최상의 지혜행입니다. 행원을 실천하는 데서 우리와 우리의 가정과 우리의 사회 위에 생명의 참가치가 구현되며, 우리 국토 위에 불국토의 공덕장엄이 구현됩니다. 나는 이제 불보살님 전에 나의 생명 다 바쳐서 서원합니다. 보현행원을 실천하겠습니다. 보현행원으로 보리를 이루겠습니다. 보현행원으로 불국토를 성취하겠습니다.

대방광불화엄경입부사의해탈경계 보현행원품

1. 서분(序分)

　그때에 보현보살마하살이 부처님의 수승하신 공덕을 찬탄하고 나서 모든 보살과 선재동자에게 말씀하셨다.
　"선남자여, 여래의 공덕은 가령 시방에 계시는 일체 모든 부처님께서 불가설 불가설 불찰 극미진수 겁을 지내면서 계속하여 말씀하시더라도 다 말씀하지 못하느니라.
　만약 이러한 공덕문을 성취하고저 하거든 마땅히 열 가지 넓고 큰 행원을 닦아야 하나니 열 가지라 함은 무엇일까?

첫째는 모든 부처님께 예배하고 공경하는 것이요,
둘째는 부처님을 찬탄하는 것이요,
셋째는 널리 공양하는 것이요,
넷째는 업장을 참회하는 것이요,
다섯째는 남이 짓는 공덕을 기뻐하는 것이요,
여섯째는 설법하여 주시기를 청하는 것이요,
일곱째는 부처님께 이 세상에 오래 계시기를 청하는 것이요,
여덟째는 항상 부처님을 따라 배우는 것이요,
아홉째는 항상 중생을 수순하는 것이요,

열째는 지은 바 모든 공덕을 널리 회향하는 것이니라."

2. 예경분(禮敬分)

선재동자가 사뢰 말씀하였다.
"대성이시여, 어떻게 예배하고 공경하오며, 내지 어떻게 회향하오리까?"
보현보살이 선재동자에게 말씀하셨다.
"선남자여, 모든 부처님께 예배하고 공경한다는 것은 진법계 허공계 시방삼세 일체불찰 극미진수 모든 부처님을 내가 보현행원의 원력으로 눈앞에 대하듯 깊은 믿음을 내어서 청정한 몸과 말과 뜻을 다하여 항상 예배하고 공경하되, 낱낱 부처님 계신 곳마다 불가설 불가설 불찰 극미진수 몸을 나투고, 낱낱 몸으로 불가설 불가설 불찰 극미진수 부처님께 두루 예배하고 공경하는 것이니, 허공계가 다하면 나의 예배하고 공경함도 다하려니와 허공계가 다할 수 없으므로 나의 예배하고 공경함도 다함이 없느니라.

 이와 같이 하여 중생계가 다하고, 중생의 업이 다하고, 중생의 번뇌가 다하면 나의 예배하고 공경함도 다하려니와, 중생계 내지 중생의 번뇌가 다함이 없으므로 나의 예배하고 공경함도 다함이 없어 생각생각 상속하여 끊임이 없되, 몸과 말과 뜻으로 짓는 일에 지치거나 싫어하는 생각이 없느니라."

3. 찬양분(讚揚分)

선남자여, 또한 부처님을 찬탄한다는 것은 진법계 허공계 시방삼세 일체 세계에 있는 극미진의 그 낱낱 미진 속마다 일체 세계 극미진수 부처님이 계시고, 그 낱낱 부처님 계신 곳마다 한량없는 보살들이 둘러 계심에 내 마땅히 깊고 깊은 수승한 이해와 분명한 지견으로 각각 변재천녀의 혀보다 나은 미묘한 혀를 내며, 낱낱 혀마다 한량없는 음성을 내며, 낱낱 음성마다 한량없는 온갖 말을 내어서 일체 부처님의 한량없는 공덕을 찬탄하여, 미래세가 다하도록 계속하고 끊이지 아니하여 끝없는 법계에 두루 하는 것이니라.

 이와 같이 하여 허공계가 다하고, 중생계가 다하고, 중생의 업이 다하고, 중생의 번뇌가 다하면 나의 찬탄도 다하려니와, 허공계 내지 중생의 번뇌가 다함이 없으므로 나의 이 찬탄도 다함이 없어 생각생각 상속하여 끊임이 없되, 몸과 말과 뜻으로 짓는 일에 지치거나 싫어하는 생각이 없느니라.

4. 공양분(供養分)

 선남자여, 또한 널리 공양한다는 것은 진법계 허공계 시방삼세 일체

불찰 극미진마다 각각 일체 세계 극미진수의 부처님이 계시고, 낱낱 부처님 계신 곳마다 한량없는 보살들이 둘러 계심에 내가 보현행원의 원력으로 깊고 깊은 믿음과 분명한 지견을 일으켜 여러 가지 으뜸가는 묘한 공양구로 공양하되 이른바 화운이며, 만운이며, 천음악운이며, 천산개운이며, 천의복운이며, 가지가지 하늘의 향인 도향이며, 소향이며, 말향이며, 이와 같은 공양구가 각각 수미산만하며, 또한 여러 가지 등을 켜되 소등이며, 유등이며, 여러 가지 향유등이며, 이와 같은 등의 낱낱 심지는 수미산 같고, 기름은 큰 바닷물 같으니 이러한 여러 가지 공양구로 항상 공양하는 것이니라.

선남자여, 모든 공양 가운데는 법공양이 가장 으뜸이 되나니 이른바 부처님 말씀대로 수행하는 공양이며, 중생들을 이롭게 하는 공양이며, 중생을 섭수하는 공양이며, 중생의 고를 대신 받는 공양이며, 선근을 부지런히 닦는 공양이며, 보살업을 버리지 않는 공양이며, 보리심을 여의지 않는 공양이니라.

　선남자여, 앞에 말한 많은 공양으로 얻는 공덕을 일념 동안 닦는 법공양의 공덕에 비한다면 백분의 일도 되지 못하며, 천분의 일도 되지 못하며, 백천구지 나유타분과 가라분과 산분과 수분과 비유분과 우파니사타분의 일도 또한 되지 못하느니라.

　무슨 까닭인가?

모든 부처님께서는 법을 존중히 하시는 까닭이며, 말씀대로 행하면 많은 부처님이 출생하시는 까닭이며, 또한 보살들이 법공양을 행하면 곧 여래께 공양하기를 성취하나니 이러한 수행이 참된 공양이 되는 까닭이니라.

이 넓고 크고 가장 수승한 공양을 허공계가 다하고, 중생계가 다하고, 중생의 업이 다하고, 중생의 번뇌가 다하면 나의 공양도 다하려니와, 허공계와 내지 중생의 번뇌가 다함이 없으므로 나의 이 공양도 다함이 없어 생각생각 상속하여 끊임이 없되 몸과 말과 뜻으로 짓는 일에 지치거나 싫어하는 생각이 없느니라.

5. 참회분(懺悔分)

　선남자여, 또한 업장을 참회한다는 것은 보살이 스스로 생각하기를 "내가 과거 한량없는 겁으로 내려오면서 탐내는 마음과 성내는 마음과 어리석은 마음으로 말미암아 몸과 말과 뜻으로 지은 모든 악한 업이 한량없고 가이없어, 만약 이 악업이 형체가 있는 것이라면 끝없는 허공으로도 용납할 수 없으리니, 내 이제 청정한 삼업으로 널리 법계극미진수세계 일체불보살 전에 두루 지성으로 참회하되 다시는 악한 업을 짓지 아니하고 항상 청정한 계행의 일체 공덕에 머물러 있으오리다"하는 것이니라.
　이와 같이 하여 허공계가 다하고,

중생계가 다하고, 중생의 업이 다하고, 중생의 번뇌가 다하면 나의 참회도 다하려니와 허공계와 내지 중생의 번뇌가 다함이 없으므로 나의 참회도 다함이 없어 생각생각 상속하고 끊임이 없되 몸과 말과 뜻으로 짓는 일에 지치거나 싫어하는 생각이 없느니라.

6. 수희분(隨喜分)

선남자여, 또한 남이 짓는 공덕을 함께 기뻐한다는 것은 진법계, 허공계, 시방삼세 일체 불찰 극미진수 모든 부처님께서 처음 발심하실 때로부터 일체지를 위하여 부지런히 복덕을 닦되 몸과 목숨을 돌보지 않기를 불가설 불가설 불찰 극미진수겁을 지내고, 낱낱 겁마다 불가설 불가설 불찰 극미진수의 두목과 수족을 버리고, 이와 같은 일체 난행 고행으로 가지 가지 바라밀문을 원만히 하며, 가지 가지 보살지지를 증득하여 들어가며, 모든 부처님의 위없는 보리를 성취하며, 내지 열반에 드신 뒤에 사리를 분포하실 때까지의 모든 선근을 내가 다 함께 기뻐하며, 저 시방 일체 세계의 육취 사생 일체 종류 중생들의 짓는 공덕을 내지 한 티끌만한 것이라도 모두 함께 기뻐하며, 시방삼세의 일체 성문과 벽지불인 유학 무학들의 지은 모든 공덕을 내가 함께 기뻐하며, 일체 보살들이 한량없는 난행 고행을 닦아서 무상정등보리를 구하는 넓고 큰 공덕을 내가 모두 함께 기뻐하는 것이니라.

 이와 같이 하여 허공계가 다하고, 중생계가 다하고, 중생의 업이 다하고, 중생의 번뇌가 다하여도 나의 이 함께 기뻐함은 다함이 없어 생각생각 상속하고 끊임이 없되 몸과 말과 뜻으로 짓는 일에 지치거나 싫어하는 생각이 없느니라.

7. 청법분(請法分)

 선남자여, 또한 설법하여 주시기를 청한다는 것은 진법계 허공계 시방삼세 일체 불찰 극미진마다 각각 불가설 불가설 불찰 극미진수의 광대한 부처님세계가 있으니, 이 낱낱 세계에 염념 중에 불가설 불가설 불찰 극미진수의 부처님이 계셔서 등정각을 이루시고, 일체 보살들로 둘리워 계시거든 내가 그 모든 부처님께 몸과 말과 뜻으로 가지가지 방편을 지어 설법하여 주시기를 은근히 권청하는 것이니라.

　이와 같이 하여 허공계가 다하고, 중생계가 다하고, 중생의 업이 다하고, 중생의 번뇌가 다하여도 나의 항상 일체 부처님께 바른 법 설하여 주시기를 권청하는 것은 다함이 없어, 생각생각 상속하고 끊임이 없되 몸과 말과 뜻으로 짓는 일에 지치거나 싫어하는 생각이 없느니라.

8. 청주분(請住分)

선남자여, 또한 부처님께 이 세상에 오래 계시기를 청한다는 것은 진법계 허공계 시방삼세 일체 불찰 극미진수의 모든 부처님께서 장차 열반에 드시려 하실 때와 또한 모든 보살과 성문 연각인 유학(有學) 무학(無學)과 내지 일체 모든 선지식에게 두루 권청하되 "열반에 드시지 말고 일체 불찰 극미진수겁토록 일체 중생을 이롭게 하여 주소서"하는 것이니라.

이와 같이 하여 허공계가 다하고, 중생계가 다하고, 중생의 업이 다하고, 중생의 번뇌가 다하여도 나의 이 권청은 다함이 없어 생각생각 상속하고 끊임이 없되 몸과 말과 뜻으로 짓는 일에 지치거나 싫어하는 생각이 없느니라.

9. 수학분(隨學分)

　선남자여, 또한 항상 부처님을 따라 배운다고 하는 것은 이 사바세계의 비로자나 여래께서 처음 발심하실 때로부터 정진하여 물러나지 아니하고, 불가설 불가설의 몸과 목숨을 보시하시되 가죽을 벗기어 종이를 삼고, 뼈를 쪼개어 붓을 삼고, 피를 뽑아 먹물을 삼아서 쓴 경전을 수미산 같이 쌓더라도 법을 존중히 여기는 고로 신명을 아끼지 아니하거든, 어찌 하물며 왕위나 성읍이나 촌락이나 궁전이나 정원이나 산림이나 일체 소유와 가지가지 난행고행일 것이며, 내지 보리수하에서 대보리를 이루시던 일이나, 가지가지 신통을 보이시사 가지가지 변화를 일으키시던 일이나, 가지가지 부처님 몸을 나투사 가지가지 중회에 처하시되, 혹은 모든 대보살 중회도량에 처하시고, 혹은 성문과 벽지불 등 중회도량에 처하시고, 혹은 전륜성왕 소왕권속 등 중회도량에 처하시고, 혹은 찰제리나 바라문이나 장자나 거사의 중회도량에 처하시며, 내지 천룡팔부와 인비인 등 중회도량에 처하시면서 이러한 가지가지 회중에서 원만하신 음성을 마치 큰 우뢰소리와도 같게 하여 그들의 좋아함을 따라서 중생을 성숙시키시던 일이나, 내지 열반에 드심을 나투시는 이와 같은 일체를 내가 다 따라서 배우기를 지금의 세존이신 비로자나불께와 같이 하는 것이니라.

이와 같이 하여 진법계 허공계 시방삼세 일체 불찰의 모든 미진 중에 계시는 일체 부처님께도 또한 다 이와 같이 하여 염념 중에 내가 다 따라 배우느니라.

이와 같이 하여 허공계가 다하고, 중생계가 다하고, 중생의 업이 다하고, 중생의 번뇌가 다하여도 나의 이 따라 배움은 다함이 없어, 생각생각 상속하고 끊임이 없되 몸과 말과 뜻으로 짓는 일에 지치거나 싫어하는 생각이 없느니라.

10. 수순분(隨順分)

선남자여, 또한 항상 중생을 수순

한다는 것은 진법계 허공계 시방세계에 있는 중생들이 가지가지 차별이 있으니 이른바 알로 나는 것, 태로 나는 것, 습기로 나는 것, 화해서 나는 것들이, 혹은 지수화풍을 의지하여 살기도 하며, 혹은 허공이나 초목에 의지하여 살기도 하는 저 가지가지 생류와, 가지가지 몸과, 가지가지 형상과, 가지가지 모양과, 가지가지 수명과, 가지가지 종족과, 가지가지 이름과, 가지가지 심성과, 가지가지 지견과, 가지가지 욕망과, 가지가지 행동과, 가지가지 거동과, 가지가지 의복과, 가지가지 음식으로 가지가지 마을이나 성읍이나 궁전에 처하며, 내지 모든 천룡팔부와 인비인 등과 발 없는 것, 두 발 가진 것과 여러 발

가진 것들이며, 빛깔 있는 것, 빛깔 없는 것, 생각 있는 것, 생각 없는 것, 생각 있는 것도 아니요 생각 없는 것도 아닌 이러한 여러 가지 중생들을 내가 다 수순하여 가지가지로 받아 섬기며, 가지가지로 공양하기를 부모와 같이 공경하며, 스승이나 아라한이나 내지 부처님과 조금도 다름없이 받들되, 병든 이에게 어진 의원이 되고, 길잃은 이에게는 바른 길을 가리키고, 어두운 밤중에는 광명이 되고, 가난한 이에게는 보배를 얻게 하나니, 보살이 이와 같이 평등히 일체 중생을 이익하게 하는 것이니라.

어찌한 까닭인가?

만약 보살이 능히 중생을 수순하면 곧 모든 부처님을 수순하며 공양함이 되며, 만약 중생을 존중히 받들어 섬기면 곧 여래를 존중히 받들어 섬김이 되며, 만약 중생으로 하여금 환희심이 나게 하면 곧 일체 여래로 하여금 환희하시게 함이니라.

 어찌한 까닭인가?

 모든 부처님께서는 대비심으로 체를 삼으시는 까닭에 중생으로 인하여 대비심을 일으키고, 대비로 인하여 보리심을 발하고, 보리심으로 인하여 등정각을 이루시나니, 비유하건대 넓은 벌판 모래밭 가운데 한 큰 나무가 있어 만약 그 뿌리가 물을 만나면 지엽이나 꽃이나 과실이 모두 무성하는 것과 같아서 생사광야의 보리수왕도 역시 그러하니, 일체 중생으로 나무뿌리를 삼고, 여러 불보살로 꽃과 과실을 삼거든 대비의 물로 중생을 이익하게 하면 즉시에 여러 불보살의 지혜의 꽃과 과실이 성숙되느니라.

어찌한 까닭인가?

만약 보살들이 대비의 물로 중생을 이익하게 하면 곧 아뇩다라삼먁삼보리를 성취하는 까닭이니라.

그러므로 보리는 중생에 속하는 것이니 만약 중생이 없으면 일체 보살이 마침내 무상정각을 이루지 못하느니라.

선남자여, 너희들은 이 뜻을 마땅히 이렇게 알지니 중생에게 마음이 평등한 고로 능히 원만한 대비를 성취하며, 대비심으로 중생을 수순하는 고로 곧 부처님께 공양함을 성취하느니라.

보살이 이와 같이 중생을 수순하나니 허공계가 다하고, 중생계가 다하고, 중생의 업이 다하고, 중생의 번뇌가 다하여도 나의 이 수순은 다함이 없어 생각생각 상속하고 끊임이 없되 몸과 말과 뜻으로 짓는 일에 지치거나 싫어하는 생각이 없느니라.

11. 회향분(廻向分)

선남자여, 또한 지은 공덕을 널리 회향한다는 것은 처음에 부처님께 여배하고 공경하는 것으로부터 중생을 수순하는 것까지의 모든 공덕을 진법계 허공계 일체 중생에게 남김없이 회향하여, 중생으로 하여금 항상 안락하고 일체 병고는 영영 없기를 원하며, 악한 일을 하고자 하면 하나도 됨이 없고, 착한 업을 닦고자 하면 다 속히 성취하여 일체 악취의 문은 닫아버리고, 인간에나 천상에나 열반에 이르는 바른 길은 열어 보이며, 모든 중생이 그가 지어 쌓은 모든 악업으로 인하여 얻게 되는 일체의 극중한 고보(苦報)는 내가 다 대신 받아서 저 중생으로 하여금 모두 해탈케 하여 마침내 무상보리를 성취하게 하는 것이니라.

  보살이 이와 같이 그 닦은 공덕을 회향하나니 허공계가 다하고, 중생계가 다하고, 중생의 업이 다하고, 중생의 번뇌가 다하여도 나의 이 회향은 다하지 아니하여 생각생각 상속하고 끊임이 없되 몸과 말과 뜻으로 짓는 일에 지치거나 싫어하는 생각이 없느니라.

12. 총결분(總結分)

선남자여, 이것이 보살 마하살의 열 가지 대원을 구족하고 원만하게 함이니 만약 모든 보살이 이 대원에 수순하여 나아가면 능히 일체 중생을 성숙함이며, 아뇩다라삼먁삼보리에 수순함이며, 보현보살의 한량없는 모든 행원을 원만히 성취함이니, 이 까닭에 선남자여, 너희들은 이 뜻을 마땅히 이와 같이 알지니라.

만약 어떤 선남자 선녀인이 시방 무량무변 불가설 불가설 불찰 극미진수 일체 세계에 가득찬 으뜸가는 묘한 칠보와 또한 모든 인간과 천상에서 가장 수승한 안락으로 저 모든 세계에 있는 중생들에게 보시하며, 저 모든 세계에 계시는 불보살께 공양하기를, 저 불찰 극미진수 겁을 지내도록 항상 계속하고 끊이지 아니하여 얻을 공덕과, 다시 어떤 사람이 이 원왕을 잠깐 동안 듣고 얻을 공덕과를 비교하면 앞에 말한 공덕은 백분의 일도 되지 못하며, 천분의 일도 되지 못하며, 내지 우파니사타분의 일에도 또한 미치지 못하느니라.

다시 어떤 사람이 깊은 신심으로 이 대원을 받아 가지고 읽고 외우거나, 내지 한 게송만이라도 쓴다면 속히 오무간업이 소멸하며, 세간에 있는 심신의 모든 병과, 모든 고뇌와,

내지 불찰 극미진수의 일체 악업이 모두 소멸하며, 또한 일체 마군과 야차와 나찰과 혹 구반다와 혹 비사사나 부다 등 피를 빨고 살을 먹는 모든 악한 귀신들이 다 멀리 달아나거나 혹 발심하여 가까이 와서 친근하며 수호하리니, 이 까닭에 이 원왕을 외우는 사람은 이 세간을 지냄에 조금도 장애가 없어 마치 공중의 달이 구름밖으로 나온 듯하니라.

그러므로 모든 불보살이 칭찬하시며 일체 인간이나 천상사람이 마땅히 예배하고 공경하며, 일체 중생이 마땅히 공양하리니, 이 선남자는 훌륭한 사람 몸을 받아서 보현보살의 모든 공덕을 원만히 하고, 마땅히 오래지 않아 보현보살과 같은 미묘한 몸을 성취하여 32 대장부상이 구족할 것이며, 만약 인간이나 천상에 태어나면 난 곳마다 수승한 종족 가운데 나며, 능히 일체 악취는 다 없애며, 일체 악한 벗은 다 멀리 하고 일체 외도는 다 조복받고, 일체 번뇌에서 해탈하는 것이 마치 사자왕이 뭇 짐승들을 굴복시키는 것과 같아서 능히 일체 중생의 공양을 받을 것이니라.

또 이 사람이 임종할 마지막 찰나에 모든 육근(六根)은 모두 흩어지고, 일체의 친족들은 모두 떠나고, 일체 위엄과 세력은 다 사라지고, 정승 대신과 궁성 내외와 코끼리나 말이나 모든 수레와 보배나 재물 등 이러한 모든 것들은 하나도 따라오는 것이 없건만, 오직 이 원왕만은 서로 떠나지 아니하여 어느 때나 항상 앞길을 인도하여, 일 찰나 동안에 극락세계에 왕생하고, 왕생하고는 즉시에 아미타불과 문수사리보살과 보현보살과 관자재보살과 미륵보살 등을 뵈오리니, 이 모든 보살들이 몸매가 단정하고 엄숙하며, 구족한 공덕으로 장엄하고 계시거든 그때에 그 사람 스스로가 연꽃 속에 태어났음을 보게 되고, 부처님의 수기를 받고 나서는 무수 백천만억 나유타 겁을 지내도록 시방의 불가설 불가설 세계에 널리 다니며, 지혜의 힘으로써 중생들의 마음을 따라 이익이 되게 하며, 머지 않아 마땅히 보리도량에 앉아서 마군들을 항복받고 등정각을 성취하며, 미묘한 법문을 설하여 능히 불찰 극미진수 세계의 중생으로 하여금 보리심을 발하게 하고, 그 근기와 성질을 따라서 교화하여 성숙시키며, 내지 한량없는 미래겁이 다하도록 널리 일체 중생을 이롭게 할 것이니라.

 선남자여, 저 모든 중생들이 이 대원왕을 듣거나 믿고, 다시 받아 가지고 읽고 외우며, 널리 남을 위하여 설한다면 이 사람의 지은 공덕은 부처님을 제외하고는 아무도 알 사람이 없나니, 그러므로 너희들은 이 원왕을 듣고 의심을 내지 말지니라.

 마땅히 지성으로 받으며, 받고는 능히 읽고, 읽고는 능히 외우며, 외우고는 능히 지니고 내지 베껴 써서 널리 남을 위하여 설한다면, 이 모든 사람들은 일념간에 모든 행원을 다 성취하며, 그 얻는 복의 무더기는 한량이 없고 가이없어 능히 대번뇌 고해 중에 빠진 중생들을 제도하여 마침내 생사에서 벗어나 아미타불 극락세계에 왕생하게 되리라."

13. 중송분

그때에 보현보살마하살이 이 뜻을 거듭 말씀하시고저 널리 시방을 관하시고 게송을 설하시었다.

가없는	시방세계	그가운데
과거현재	미래의	부처님들께
맑고맑은	몸과말과	뜻을기울여
빠짐없이	두루두루	예경하옵되
보현보살	행원의	위신력으로

널리일체　여래전에　몸을나투고
한몸다시　찰진수효　몸을나투어
찰진수불　빠짐없이　예경합니다.

일미진중　미진수효　부처님계셔
곳곳마다　많은보살　모이시었고
무진법계　미진에도　또한그같이
부처님이　충만하심　깊이믿으며

몸몸마다　한량없는　음성으로써
다함없는　묘한말씀　모두내어서
오는세상　일체겁이　다할때까지
부처님의　깊은공덕　찬탄합니다.

아름답기　으뜸가는　여러꽃타래
좋은풍류　좋은향수　좋은일산들
이와같은　가장좋은　장엄구로써

시방삼세   부처님께   공양하오며

으뜸가는   좋은의복   좋은향들과
가루향과   꽂는향과   등과촛불의
낱낱것을   수미산의   높이로모아
일체여래   빠짐없이   공양하오며

넓고크고   수승하온   이내슬기로
시방삼세   부처님을   깊이믿삽고
보현보살   행원력을   모두기울여
일체제불   빠짐없이   공양합니다.

지난세상   지은바   모든악업은
무시이래   탐심진심   어리석음이
몸과말과   뜻으로   지었음이라
내가이제   남김없이   참회합니다.

시방삼세　여러종류　모든중생과
성문연각　유학무학　여러이승과
일체의　　부처님과　모든보살의
지니옵신　온갖공덕　기뻐합니다.

시방세계　계시옵는　세간등불과
가장처음　보리도를　이루신님께
위-없는　묘한법문　설하시기를
내가이제　지성다해　권청합니다.

부처님이　반열반에　들려하시면
찰진겁을　이세상에　계시오면서
일체중생　이락하게　살펴주시길
있는지성　기울여서　권청합니다.

예경하고　찬양하고　공양한복덕
오래계셔　법문하심　청하온공덕

기뻐하고　참회하온　온갖선근을
중생들과　보리도에　회향합니다.

내가여러　부처님을　따라배우고
보현보살　원만행을　닦고익혀서
지난세상　시방세계　부처님들과
지금계신　부처님께　공양하오며

여러가지　즐거움이　원만하도록
오는세상　부처님께　공양하옵고
삼세의　　부처님을　따라배워서
무상보리　속히얻기　원하옵니다.

시방세계　일체의　　모든세계의
넓고크고　청정한　　묘장엄속에
모든여래　대중에게　위요되시며
큰보리수　아래에　　계시옵거든

시방세계　온갖종류　모든중생이
근심걱정　다여의어　항상즐겁고
심히깊은　바른법문　공덕받아서
모든번뇌　남김없이　없애지이다.

내가보리　얻으려고　수행할때에
나는국토　어디서나　숙명통얻고
날때마다　출가하여　계행을닦아
깨끗하고　온전하여　새지않으리.

천과용과　야차들과　구반다들과
사람들과　사람아닌　이들에까지
그네들이　쓰고있는　여러말로써
가지가지　소리로　　설법하오며

청정하온　바라밀을　힘써닦아서
어느때나　보리심을　잊지않으며

모든업장　모든허물　멸해버리고
일체의　　묘한행을　성취하오며

연꽃잎에　물방울이　붙지않듯이
해와달이　허공에　　머물잖듯이
어두운맘　미욱한업　마경계라도
세간살이　그속에서　해탈얻으리.

일체악도　온갖고통　모두없애고
중생에게　즐거움을　고루주기를
찰진겁이　다하도록　쉬지않으며
시방중생　위하는일　한이없으리.

어느때나　중생들을　수순하면서
오는세상　일체겁이　다할때까지
보현보살　광대행을　항상닦아서
위-없는　대보리를　원만하리라.

나와같이　　보현행을　　닦는이들은
어느때나　　같은곳에　　함께모이어
몸과말과　　뜻의업이　　모두같아서
일체행원　　다―같이　　닦아지오며

바른길로　　나를돕는　　선지식께서
우리에게　　보현행을　　이르시거든
어느때나　　나와같이　　함께모여서
어느때나　　환희심을　　내어지이다.

원합노니　　모든여래　　모든불자에
둘리워서　　계시옴을　　항상뵈옵고
광대하온　　공양을　　　항상올리되
미래겁이　　다하여도　　피염없으며

제불세존　　미묘법문　　모두지니고
일체의　　　보리행을　　빛내오면서

구경으로　청정하온　보현의도를
미래겁이　다하도록　닦아지이다.

시방법계　넓은세상　중생속에서
내가짓는　복과지혜　한정이없고
정과혜와　모든방편　해탈삼매로
한량없는　모든공덕　모두이루리.

일미진중　미진수효　세계가있고
세계마다　한량없는　부처님계셔
곳곳마다　많은대중　모인가운데
보리행을　연설하심　항상뵈오며

한량없는　시방법계　모든세계와
털끝마다　과현미래　삼세의바다
한량없는　부처님과　많은국토에
두루두루　무량겁을　수행하오리.

일체여래 말씀하심 청정함이여
한말씀속 여러가지 음성갖추고
모든중생 뜻에맞는 좋은음성이
음성마다 부처님의 변재이시라.

시방세계 과현미래 여래께서는
어느때나 다함없는 그말씀으로
깊은이치 묘한법문 설하시거든
나의깊은 지혜로써 요달하리라.

나는오는 세상까지 깊이들어가
일체겁을 다하여 일념만들고
과거현재 미래의 일체겁중에
한생각 즈음으로 다들어가며

일념으로 과현미래 삼세가운데
계시옵는 부처님을 모두뵈옵고

부처님   경계중의   환과도같은
자재해탈   모든위력   수용하오며

한터럭   끝에있는   극미진중에
과현미래   장엄세계   나타내이고
시방법계   미진세계   모든털끝도
모두깊이   들어가서   엄정하오리.

오는세상   시방법계   조세등께서
성도하고   설법하고   교화하시며
하옵실일   마치시고   열반들려면
내가두루   나아가서   섬기오리다.

일념에서   두루하는   신통의힘과
일체문에   다통하는   대승의힘과
지와행을   널리닦은   공덕의힘과
위신으로   널리덮는   자비의힘과

청정장엄 두루하는 복덕의힘과
집착없고 의지없는 지혜의힘과
정과혜의 모든방편 위엄의힘과
넓고널리 쌓아모은 보리의힘과

일체것이 청정하온 선업력으로
일체의   번뇌의힘 멸해버리고
일체의   마군의힘 항복받아서
일체의   모든행력 원만히하여

한량없는 모든세계 엄정히하며
한량없는 모든중생 해탈케하며
한량없는 모든법을 잘분별하여
한량없는 지혜바다 요달하오며

한량없는 모든행을 청정히하며
한량없는 모든원을 원만히하며

일체여래　친근하고　공양하면서
무량겁을　부지런히　수행하옵고

과거현재　미래세　　일체여래의
위-없는　　보리도인　모든행원을
남김없이　공양하고　원만히닦아
보현보살　큰행으로　보리이루리.

일체여래　부처님의　받아드님은
그이름　　거룩하신　보현보살님
내가지금　온갖선근　회향하오니
지와행이　나도저와　같아지이다.

몸과말과　뜻의업이　항상깨끗고
모든행과　국토도　　다시그러한
이러하온　지혜가　　보현이시니
바라건대　나도저와　같아지이다.

일체에   청정하온   보현의행과
문수사리   법왕자의   모든대원의
온갖사업   남김없이   원만히닦아
미래제가   다하도록   끊임없으며

한량없는   많은수행   모두닦아서
한량없는   많은공덕   모두이루고
한량없는   모든행에   머물러있어
한량없는   신통묘용   요달하오며

문수사리   법왕자의   용맹지혜도
보현보살   지혜행도   그러하시니
모든선근   내가이제   회향하여서
저를따라   일체를   항상배우리.
삼세여래   부처님이   칭찬하시는

이와같은   위-없는   모든대원에

내가이제　온갖선근　회향하옴은
수승하온　보현행을　얻고잡니다.

원합노니　이목숨이　다하려할때
모든업장　모든장애　다없어져서
찰나중에　아미타불　친견하옵고
그자리서　극락세계　얻어지이다.

나의몸이　저세계에　가서나고는
그자리서　이대원을　모두이루고
온갖것을　남김없이　원만히이뤄
일체중생　이롭도록　하여지오며

저부처님　회상은　청정하시니
내가그때　연꽃속에　태어낳아서
무량광　부처님을　친견하옵고
그자리서　보리기　받아지오며

부처님의　　수기를　　　받자옵고는
수-없는　　백구지의　　화신을내고
지혜의힘　　광대하여　　시방에퍼져
일체중생　　이롭도록　　하여지이다.

허공계가　　다하고　　　중생다하고
업과번뇌　　다하면　　　모르거니와
이와같은　　일체것이　　다함없을새
나의원도　　마침내　　　다함없으리.

가-없는　　시방국토　　장엄하온바
온갖보배　　부처님께　　공양하옵고
일체세계　　인천대중　　미진겁토록
가장좋은　　안락으로　　보시한대도

어떤사람　　수승하온　　보현원왕을
한번듣고　　마음에서　　믿음을내고

무상보리　구할생각　간절만하면
이사람의　얻는공덕　저를지내니

간데마다　나쁜벗을　멀리여의며
영원토록　모든악도　만나지않고
무량광　　부처님을　속히뵈어서
위-없는　보현원을　모두갖추리.

이사람은　길이길이　수명얻으며
난데마다　항상좋은　사람몸받고
머지않아　마땅히　　보현보살의
크고넓은　보살행　　성취하리라.

지난날에　어리석고　지혜없어서
무간지옥　빠질중죄　지었더라도
보현행원　대원왕을　읽고외우면
일념간에　저중죄가　소멸하리니

날적마다　좋은가문　좋은얼굴과
좋은상호　밝은지혜　원만하여서
모든마와　외도들이　범접못하니
삼계중생　온갖공양　능히받으며

오래잖아　보리수　　밑에나아가
파순이도　마군중도　항복받고서
무상정각　성취하고　법을설하여
모든중생　빠짐없이　이익주리라.

누구든지　보현원을　읽고외우고
받아갖고　대중위해　연설한다면
그과보는　부처님만　능히아시니
어김없이　무상보리　얻게되리라.

어떤사람　보현원을　능히외우는
그선근의　소분만을　말씀한다면

일념간에 일체공덕 원만하여서
중생들의 청정원을 성취하리라.

내가지은 수승하온 보현의행의
가-없는 수승한복 회향하오니
바라건대 고해중의 모든중생이
하루속히 극락세계 얻어지이다.

그때에 보현보살마하살이 부처님 앞에서 이 넓고 큰 보현원왕의 청정게송을 설하시니 선재동자는 한량없이 뛸듯 기뻐하였고, 일체 보살들은 모두 크게 환희하였으며, 여래께서는 "옳다옳다"하시며 칭찬하시었다.
 그때에 세존께서 거룩하옵신 여러 보살마하살과 더불어 이와 같은 불가사의해탈경계의 수승한 법문을 연설하실 적에 문수사리보살을 상수로 하는 대보살들과 그 보살들이 성숙하신 바 6천의 비구들과 미륵보살을 상수로 하는 현겁의 일체 대보살들이시며, 무구보현보살을 상수로 하는 일생보처(一生補處)이시며, 관정위(灌頂位)에 이르신 대보살들과, 널리 시방 여러 세계에서 모이신 일체 찰해 극미진수의 모든 보살마하살과, 대지사리불 마하 목건련 등을 상수로 하는 대성문들과, 인간과 천상과 세간의 모든 임금과, 하늘과 용과 야차와 건달바와 아수라와 가루라와 긴나라와 마후라가와 인비인 등 일체 대중들이 부처님의 말씀을 듣고 다들 크게 환희하고 믿고 받아 받들어 행하였다.

보현행원품(한문본)

보현행원은 부처님의 무량공덕 세계를 여는 열쇠입니다. 열가지 문은 하나로 통해 있습니다. 한가지를 행하여도 부처님의 온전한 공덕은 넘쳐 나옵니다. 행원의 실천은 우리가 자기 생명의 문을 여는 일입니다. 나의 생명 가득히 부어져 있는 부처님 공덕을 발휘하는 거룩한 기술입니다. 나의 생명을 부처님 태양 속에 바로 세우는 일이며, 내 생명에 깃든 커다란 위력을 펴내는 생명의 숨결이며 박동입니다.

大方廣佛華嚴經入不思議解脫境界
대방광불화엄경입부사의해탈경계

普賢行願品
보현행원품

爾時에 普賢菩薩摩訶薩이 稱歎如來
이시 보현보살마하살   칭탄여래
勝功德已하시고, 告諸菩薩과 及善財言하사
승공덕이   고제보살   급선재언
대 善男子야 如來功德은 假使十方一切
   선남자   여래공덕   가사시방일체
諸佛이 經不可說不可說 佛刹極微塵數
제불   경불가설불가설 불찰극미진수
劫하야 相續演說하야도 不可窮盡이니라 若欲
겁   상속연설   불가궁진   약욕
成就 此 功德門인댄 應修十種 廣大行願
성취 차 공덕문   응수십종 광대행원
이니 何等이 爲十고 一者는 禮敬諸佛이요 二
     하등   위십   일자   예경제불   이
者는 稱讚如來요 三者는 廣修供養이요 四者
자   칭찬여래   삼자   광수공양   사자
는 懺悔業障이요 五者는 隨喜功德이요 六者
   참회업장   오자   수희공덕   육자

는 請轉法輪이요 七者는 請佛住世요 八者는
　　청전법륜　　　칠자　　청불주세　　　팔자

常隨佛學이요 九者는 恒順衆生이요 十者는
상수불학　　　구자　　항순중생　　　십자

普皆廻向이니라
보개회향

　　善財 白言하사대 大聖이시여 云何禮敬이며
　　선재　백언　　　 대성　　　운하예경

乃至廻向이닛고
내지회향

　　普賢菩薩이 告善財言하사대 善男子야 言
　　보현보살　 고선재언　　　 선남자　 언

禮敬諸佛者는 所有 盡法界虛空界 十方
예경제불자　 소유　진법계허공계　시방

三世一切佛刹極微塵數 諸佛世尊을 我
삼세일체불찰극미진수　제불세존　 아

以普賢行願力故로 深心信解 如對目前하
이보현행원력고　 심심신해　여대목전

야 悉以淸淨身語意業으로 常修禮敬하되 一
　 실이청정신어의업　　　상수예경　　 일

一佛所에 皆現不可說不可說 佛刹極微
일불소　 개현불가설불가설　불찰극미

塵數身하며 一一身으로 遍禮 不可說不可
진수신　　 일일신　　　변례　불가설불가

說 佛刹極微塵數佛호대 虛空界盡하면 我
설　불찰극미진수불　　 허공계진　　　아

禮乃盡이어니와 以虛空界 不可盡故로 我此
례 내 진   이허공계 불가진고   아차
禮敬도 無有窮盡하야 如是乃至衆生界盡하
예경   무유궁진   여시내지중생계진
며 衆生業盡하며 衆生煩惱盡하면 我禮乃盡
  중생업진   중생번뇌진   아례내진
이어니와 而衆生界로 乃至煩惱 無有盡故로
        이중생계   내지번뇌 무유진고
我此禮敬도 無有窮盡하야 念念相續하고 無
아차예경   무유궁진   염념상속   무
有間斷하여 身語意業에 無有疲厭이니라
유간단   신어의업   무유피염

復次 善男子야 言 稱讚如來者는 所有
부차 선남자   언 칭찬여래자   소유
盡法界 虛空界 十方三世一切刹土所有
진법계 허공계 시방삼세일체찰토소유
極微의 一一塵中에 皆有一切世界極微塵
극미   일일진중   개유일체세계극미진
數佛하며 一一佛所에 皆有菩薩海會圍遶어
수불   일일불소   개유보살해회위요
든 我當悉以 甚深勝解와 現前知見으로 各
   아당실이 심심승해   현전지견   각
以出過辯才天女微妙舌根하며 一一舌根에
이출과변재천녀미묘설근   일일설근
出 無盡音聲海하고 一一音聲에 出 一切
출 무진음성해   일일음성   출 일체

言辭海하여 稱揚讚歎 一切如來諸功德海
언사해   칭양찬탄   일체여래제공덕해
하되 窮未來際히 相續不斷하여 盡於法界에
     궁미래제   상속부단   진어법계
無不周遍하나니 如是虛空界盡하며 衆生界
무불주변   여시허공계진   중생계
盡하며 衆生業盡하며 衆生煩惱盡하면 我讚이
진   중생업진   중생번뇌진   아찬
乃盡이어니와 而虛空界와 乃至煩惱 無有盡
내진   이허공계   내지번뇌 무유진
故로 我此讚歎도 無有窮盡하야 念念相續하
고   아차찬탄   무유궁진   염념상속
고 無有間斷하야 身語意業에 無有疲厭이니라
   무유간단   신어의업   무유피염

復次 善男子야 言 廣修供養者는 所有
부차 선남자   언 광수공양자   소유
盡法界 虛空界 十方三世一切佛刹極微
진법계 허공계 시방삼세일체불찰극미
塵中에 一一各有 一切世界極微盡數佛하
진중   일일각유 일체세계극미진수불
며 一一佛所에 種種菩薩海會로 圍遶어든 我
   일일불소   종종보살해회   위요   아
以普賢行願力故로 起深信解現前知見하야
이보현행원력고   기심신해현전지견
悉以上妙諸供養具로 而爲供養호대 所謂
실이상묘제공양구   이위공양   소위

華雲이며 鬘雲이며 天音樂雲이며 天傘蓋雲이
화운   만운   천음악운   천산개운
며 天衣服雲이며 天種種香인 塗香이며 燒香
  천의복운   천종종향   도향   소향
이며 末香이니 如是等雲이 一一量如須彌山
    말향   여시등운   일일양여수미산
王하며 燃 種種燈호대 穌燈이며 油燈이며 諸
왕   연 종종등   소등   유등   제
香油燈이 一一燈炷如須彌山하며 一一燈
향유등 일일등주여수미산   일일등
油如大海水하야 以如是等 諸供養具로 常
유여대해수   이여시등 제공양구 상
爲供養이니라
위공양

善男子야 諸供養中 法供養이 最이니 所
선남자 제공양중 법공양 최   소
謂如說修行供養이며 利益衆生供養이며 攝
위여설수행공양   이익중생공양   섭
受衆生供養이며 代衆生苦供養이며 勤修善
수중생공양   대중생고공양   근수선
根供養이며 不捨菩薩業供養이며 不離菩提
근공양   불사보살업공양   불리보리
心供養이니라 善男子야 如前供養無量功
심공양   선남자   여전공양무량공
德을 比法供養一念功德컨댄 百分不及一이
덕 비법공양일념공덕   백분불급일

며 千分 不及一이며 百千俱胝那由他分과
천분 불급일 백천구지나유타분
迦羅分과 算分 數分과 喩分 優波尼沙陀
가라분 산분 수분 유분 우바니사타
分에도 亦不及一이니 何以故오 以諸如來尊
분 역불급일 하이고 이제여래존
重法故며 以如說行이 出生諸佛故며 若諸
중법고 이여설행 출생제불고 약제
菩薩이 行法供養하면 則得成就供養如來니
보살 행법공양 즉득성취공양여래
如是修行이 是 眞供養故니라
여시수행 시 진공양고

此 廣大最勝供養을 虛空界盡하며 衆生
차 광대최승공양 허공계진 중생
界盡하며 衆生業盡하며 衆生煩惱盡하면 我
계진 중생업진 중생번뇌진 아
供이 乃盡이어니와 而虛空界와 乃至 煩惱不
공 내진 이허공계 내지 번뇌불
可盡故로 我此供養도 亦無有盡하야 念念
가진고 아차공양 역무유진 염념
相續하고 無有間斷하야 身語意業에 無有疲
상속 무유간단 신어의업 무유피
厭이니라
염

復次 善男子야 言 懺悔業障者는 菩薩
부차 선남자 언 참회업장자 보살

이 自念[자념]호대 我於過去無始劫中[아어과거무시겁중]에 由貪瞋癡[유탐진치]하야 發身口意[발신구의]하야 作諸惡業[작제악업]이 無量無邊[무량무변]하니 若此惡業[약차악업]이 有體相者[유체상자]인댄 盡虛空界[진허공계]라도 不能容受[불능용수]하리니 我今[아금]에 悉以淸淨三業[실이청정삼업]하야 遍於法界極微塵刹[변어법계극미진찰] 一切諸佛菩薩衆前[일체제불보살중전]에 誠心懺悔[성심참회]호대 後不復造[후불부조]하고 恒住淨戒一切功德[항주정계일체공덕]호리라 하여 如是[여시]하야 虛空界盡[허공계진]하며 衆生界盡[중생계진]하며 衆生業盡[중생업진]하며 衆生煩惱盡[중생번뇌진]하면 我懺[아참]도 乃盡[내진]이어니와 而虛空界[이허공계]와 乃至衆生煩惱不可盡故[내지중생번뇌불가진고]로 我此懺悔[아차참회]도 無有窮盡[무유궁진]하야 念念相續[염념상속]하고 無有間斷[무유간단]하야 身語意業[신어의업]에 無有疲厭[무유피염]이니라

復次[부차] 善男子[선남자]야 言隨喜功德者[언수희공덕자]는 所有[소유]

盡法界虛空界 十方三世一切佛刹 極微
진법계허공계　시방삼세일체불찰　극미
塵數諸佛如來　從初發心으로　爲一切智하
진수제불여래　종초발심　　　위일체지
야 勤修福聚호대 不惜身命을 經 不可說不
　근수복취　　　불석신명　경　불가설불
可說　佛刹極微塵數劫하며　一一劫中에 捨
가설　불찰극미진수겁　　　일일겁중　사
不可說不可說　佛刹極微塵數頭目手足
불가설불가설　불찰극미진수두목수족
하야 如是一切難行苦行으로 圓滿種種波羅
　　여시일체난행고행　　　원만종종바라
蜜門하며 證入種種 菩薩智地하며 成就諸
밀문　　증입종종　보살지지　　성취제
佛無上菩提와 及般涅槃하야 分布舍利하시는
불무상보리　급반열반　　　분포사리
所有善根을 我皆隨喜하며 及彼十方一切
소유선근　　아개수희　　　급피시방일체
世界　六趣四生一切種類의 所有功德을
세계　　육취사생일체종류　　소유공덕
乃至一塵이라고 我皆隨喜하며 十方三世一
내지일진　　　아개수희　　　시방삼세일
切聲聞과 及 辟支佛과 有學 無學의 所有
체성문　급　벽지불　　유학　무학　소유
功德을 我皆隨喜하며 一切菩薩의 所修無
공덕　　아개수희　　　일체보살　소수무

量難行苦行으로 志求 無上正等菩提한 廣
량난행고행   지구 무상정등보리   광

大功德을 我皆隨喜호대 如是 虛空界盡하며
대공덕 아개수희   여시 허공계진

衆生界盡하며 衆生業盡하며 衆生煩惱盡하야
중생계진   중생업진   중생번뇌진

도 我此隨喜는 無有窮盡하야 念念相續하고
  아차수희   무유궁진   염념상속

無有間斷하야 身語意業에 無有疲厭이니라
무유간단   신어의업   무유피염

復次 善男子야 言 請轉法輪者는 所有
부차 선남자   언 청전법륜자   소유

盡法界虛空界十方三世一切佛刹 極微
진법계허공계시방삼세일체불찰 극미

塵中에 一一各有 不可說不可說佛刹極
진중   일일각유 불가설불가설불찰극

微塵數廣大佛刹하며 一一刹中에 念念有
미진수광대불찰   일일찰중   염념유

不可說不可說佛刹極微塵數一切諸佛이
불가설불가설불찰극미진수일체제불

成等正覺하고 一切菩薩海會로 圍遶어든 而
성등정각   일체보살해회   위요   이

我悉以身口意業과 種種方便으로 慇懃勸
아실이신구의업 종종방편   은근권

請 轉妙法輪호대 如是 虛空界盡하며 衆生
청 전묘법륜   여시 허공계진   중생

界盡하며 衆生業盡하며 衆生煩惱盡하야도 我
계진　　중생업진　　　중생번뇌진　　　　아

常勸請一切諸佛 轉正法輪은 無有窮盡하
상권청일체제불　전정법륜　　무유궁진

야 念念相續하고 無有間斷하야 身語意業에
　염념상속　　　무유간단　　　신어의업

無有疲厭이니라
무유피염

　　復次 善男子야 言 請佛住世者는 所有
　　부차　선남자　　언　청불주세자　　소유

盡法界虛空界 十方三世 一切佛刹 極
진법계허공계　시방삼세　일체불찰　극

微塵數 諸佛如來 將欲示現般涅槃者와
미진수　제불여래　장욕시현반열반자

及諸菩薩과 聲聞緣覺인 有學無學과 乃至
급제보살　　성문연각　　유학무학　　내지

一切諸善知識에 我悉勸請호되 莫入涅槃하
일체제선지식　　아실권청　　　막입열반

고 經於一切佛刹極微塵劫을 爲欲利樂一
　경어일체불찰극미진겁　　　위욕이락일

切衆生하소서 하나니라 如是 虛空界盡하며 衆
체중생　　　　　　　　여시　허공계진　　　중

生界盡하며 衆生業盡하며 衆生煩惱盡하야도
생계진　　　중생업진　　　중생번뇌진

我此勸請은 無有窮盡하야 念念相續하고 無
아차권청　　무유궁진　　　염념상속　　　무

有間斷하야 身語意業에 無有疲厭이니라
유 간 단　　신 어 의 업　　무 유 피 염

復次 善男子야 言 常隨佛學者는 如此
부 차 선 남 자　언　상 수 불 학 자　　여 차

娑婆世界 毘盧遮那如來從初發心으로 精
사 바 세 계　비 로 자 나 여 래 종 초 발 심　　정

進不退호되 以不可說不可說 身命으로
진 불 퇴　　이 불 가 설 불 가 설　　신 명

而爲布施하며 剝皮爲紙하고 析骨爲筆하며
이 위 보 시　　박 피 위 지　　석 골 위 필

刺血爲墨하야 書寫經典을 積如須彌라도 爲
자 혈 위 묵　　서 사 경 전　적 여 수 미　　위

重法故로 不惜身命이어든 何況王位城邑聚
중 법 고　불 석 신 명　　하 황 왕 위 성 읍 취

落이며 宮殿園林이며 一切所有와 及餘種種
락　　궁 전 원 림　　일 체 소 유　급 여 종 종

難行苦行이며 乃至樹下에 成大菩提하고 示
난 행 고 행　　내 지 수 하　성 대 보 리　　시

種種神通하며 起種種變化하야 現種種佛身
종 종 신 통　　기 종 종 변 화　　현 종 종 불 신

하며 處種種衆會호대 或處一切諸大菩薩衆
　　처 종 종 중 회　　혹 처 일 체 제 대 보 살 중

會道場하며 或處聲聞及辟支佛衆會道場하
회 도 량　　혹 처 성 문 급 벽 지 불 중 회 도 량

며 或處轉輪聖王小王眷屬衆會道場하며
　혹 처 전 륜 성 왕 소 왕 권 속 중 회 도 량

或處刹利及婆羅門長者居士衆會道場하
혹 처 찰 리 급 바라 문 장 자 거 사 중 회 도 량
며 乃至 或處天龍八部人非人等衆會道
　　내지　　혹처천룡팔부인비인등중회도
場하야 處於如是種種衆會호되 以 圓滿音이
량　　　처어여시종종중회　　　이　원만음
如 大雷震하야 隨其樂欲하야 成熟衆生하며
여　대뢰진　　　수기요욕　　　성숙중생
乃至示現 入於涅槃하는 如是一切를 我皆
내지시현　입어열반　　　여시일체　아개
隨學호대 如今世尊毘盧遮那하나니 如是하야
수학　　　여금세존비로자나　　　　여시
盡法界虛空界 十方三世 一切佛刹 所
진법계허공계　시방삼세일체불찰　소유
有塵中의 一切如來도 皆亦如是하야 於念
진중　　　일체여래　　개역여시　　　어념
念中에 我皆隨學하나니라 如是 虛空界盡하며
념중　　아개수학　　　　여시　허공계진
衆生界盡하며 衆生業盡하며 衆生煩惱盡하야
중생계진　　　중생업진　　　중생번뇌진
도 我此隨學은 無有窮盡하야 念念相續하고
　　아차수학　　무유궁진　　　염념상속
無有間斷하야 身語意業에 無有疲厭이니라
무유간단　　　신어의업　　무유피염
復次 善男子야 言 恒順衆生者는 謂盡
부차　선남자　언　항순중생자　위진

法界虛空界 十方刹海 所有衆生이 種種
법계허공계 십방찰해 소유중생 종종

差別하니 所謂卵生胎生이며 濕生化生이라
차별 소위난생태생 습생화생

或有依於 地水火風 而生住者며 或有依
혹유의어 지수화풍 이생주자 혹유의

空과 及諸卉木 而生住者며 種種生類와
공 급제훼목 이생주자 종종생류

種種色身과 種種形狀과 種種相貌와 種種
종종색신 종종형상 종종상모 종종

壽量과 種種族類와 種種名號와 種種心性
수량 종종족류 종종명호 종종심성

과 種種知見과 種種欲樂와 種種意行과 種
종종지견 종종욕요 종종의행 종

種威儀와 種種衣服과 種種飮食으로 處於
종위의 종종의복 종종음식 처어

種種村營聚落城邑宮殿하며 乃至 一切天
종종촌영취락성읍궁전 내지 일체천

龍八部人非人等과 無足二足과 四足多足
룡팔부인비인등 무족이족 사족다족

과 有色無色과 有想無想과 非有想 非無
유색무색 유상무상 비유상 비무

想인 如是等類를 我皆於彼에 隨順而轉하며
상 여시등류 아개어피 수순이전

種種承事하며 種種供養호대 如敬父母하며
종종승사 종종공양 여경부모

如奉師長及阿羅漢하야 乃至如來로 等無
여봉사장급아라한   내지여래   등무
有異하야 於諸病苦에 爲作良醫하며 於失道
유이   어제병고   위작양의   어실도
者에 示其正路하며 於暗夜中에 爲作光明하
자   시기정로   어암야중   위작광명
며 於貧窮者에 令得伏藏하나니 菩薩이 如是
  어빈궁자   영득복장   보살   여시
平等饒益一切衆生하나니라 何以故오 菩薩이
평등요익일체중생   하이고   보살
若能隨順衆生하면 則爲隨順供養諸佛이며
약능수순중생   즉위수순공양제불
若於衆生에 尊重承事하면 則爲尊重承事
약어중생   존중승사   즉위존중승사
如來며 若令衆生으로 生歡喜者면 則令一
여래   약령중생   생환희자   즉령일
切如來로 歡喜니 何以故오 諸佛如來는 以
체여래   환희   하이고   제불여래   이
大悲心으로 而爲體故로 因於衆生하야 而起
대비심   이위체고   인어중생   이기
大悲하며 因於大悲하야 生菩提心하며 因菩
대비   인어대비   생보리심   인보
提心하야 成等正覺하나니 譬如曠野沙磧之
리심   성등정각   비여광야사적지
中에 有大樹王커든 若根得水하면 枝葉華果
중   유대수왕   약근득수   지엽화과

悉皆繁茂인달하야 生死曠野의 菩提樹王도
실개번무 생사광야 보리수왕

亦復如是하야 一切衆生으로 而爲樹根하고
역부여시 일체중생 이위수근

諸佛菩薩로 而爲華果하니 以大悲水로 饒
제불보살 이위화과 이대비수 요

益衆生하면 則能成就諸佛菩薩智慧華果니
익중생 즉능성취제불보살지혜화과

라 何以故오 若諸菩薩이 以大悲水로 饒益
하이고 약제보살 이대비수 요익

衆生하면 則能成就阿耨多羅三藐三菩提
중생 즉능성취아뇩다라삼먁삼보리

故니라 是故로 菩提는 屬於衆生하니 若無衆
고 시고 보리 속어중생 약무중

生이면 一切菩薩이 終不能成無上正覺하나니
생 일체보살 종불능성무상정각

라 善男子야 汝於此義에 應如是解니라 以於
선남자 여어차의 응여시해 이어

衆生에 心平等故로 則能成就圓滿大悲하며
중생 심평등고 즉능성취원만대비

以大悲心으로 隨衆生故로 則能成就供養
이대비심 수중생고 즉능성취공양

如來하나니라 菩薩이 如是隨順衆生하야 虛空
여래 보살 여시수순중생 허공

界盡하며 衆生界盡하며 衆生業盡하며 衆生
계진 중생계진 중생업진 중생

煩惱盡하야도 我此隨順은 無有窮盡하야 念
念相續하고 無有間斷하야 身語意業에 無有
疲厭이니라

復次 善男子야 言 普皆廻向者는 從初
禮拜로 乃至隨順의 所有功德을 皆悉廻向
盡法界虛空界 一切衆生호대 願令衆生으
로 常得安樂하고 無諸病苦하며 欲行惡法이어
든 皆悉不成하고 所修善業은 皆速成就하며
關閉一切諸惡趣門하고 開示人天涅槃正
路하며 若諸衆生이 因其積集諸惡業故로
所感一切極重苦果를 我皆代受하야 令彼
衆生으로 悉得解脫하야 究竟成就無上菩提
케 하나니 菩薩이 如是所修廻向을 虛空界盡하

며 衆生界盡하며 衆生業盡하며 衆生煩惱盡
　　중생계진　　　중생업진　　　중생번뇌진
하야도 我此廻向은 無有窮盡하야 念念相續하
　　　　아차회향　　무유궁진　　염념상속
고 無有間斷하야 身語意業에 無有疲厭이니라
　　무유간단　　　신어의업　　무유피염
　　善男子야 是爲菩薩摩訶薩의 十種大願
　　선남자　　시위보살마하살　　십종대원
具足圓滿이니 若諸菩薩이 於此大願에 隨
구족원만　　　약제보살　　어차대원　　수
順趣入하면 則能成熟 一切衆生이며 則能隨
순취입　　　즉능성숙일체중생　　　즉능수
順阿耨多羅三藐三菩提이며 則能成滿普
순아뇩다라삼먁삼보리　　　즉능성만보
賢菩薩 諸行願海이니 是故로 善男子야 汝
현보살　제행원해　　　시고　　선남자　　여
於此義에 應如是知니라
어차의　 응여시지
　　若有善男子善女人하야 以滿十方無量
　　약유선남자선여인　　　이만시방무량
無邊 不可說不可說 佛刹極微塵數 一
무변　불가설불가설　　불찰극미진수　일
切世界 上妙七寶와 及諸人天最勝安樂하
체세계　상묘칠보　　급제인천최승안락
야 布施爾所一切世界所有衆生하며 供養
　　보시이소일체세계소유중생　　　공양

爾所一切世界諸佛菩薩호대　經爾所佛刹
이 소 일 체 세 계 제 불 보 살　　경 이 소 불 찰

極微塵數劫을　相續不斷한　所得功德과　若
극 미 진 수 겁　　상 속 부 단　　소 득 공 덕　　약

復有人하야　聞此願王　一經於耳한　所有功
부 유 인　　　문 차 원 왕　일 경 어 이　　소 유 공

德으로　比前功德컨댄　百分不及一이며　千分
덕　　　비 전 공 덕　　　백 분 불 급 일　　　천 분

不及一이며　乃至　優婆尼沙陀分에도　亦不
불 급 일　　　내 지　우 바 니 사 타 분　　　역 불

及一이니라
급 일

　　或復有人하야　以深信心으로　於此大願을
　　혹 부 유 인　　　이 심 신 심　　　어 차 대 원

受持讀誦하며　乃至　書寫一四句偈하면　速
수 지 독 송　　　내 지　서 사 일 사 구 게　　　속

能除滅五無間業하고　所有世間身心等病과
능 제 멸 오 무 간 업　　　소 유 세 간 신 심 등 병

種種苦惱와　乃至　佛刹極微塵數　一切惡
종 종 고 뇌　　내 지　불 찰 극 미 진 수　일 체 악

業을　皆得銷除하며　一切魔軍과　夜叉羅刹과
업　　개 득 소 제　　　일 체 마 군　　　야 차 나 찰

若鳩槃茶와　若毘舍闍와　若部多等　飲血
약 구 반 다　　약 비 사 사　　약 부 다 등　　음 혈

噉肉하는　諸惡鬼神이　皆悉遠離하며　或時發
담 육　　　제 악 귀 신　　개 실 원 리　　　혹 시 발

心하야 親近守護하리니 是故로 若人이 誦此
심   친근수호   시고   약인   송차

願者면 行於世間호되 無有障碍 如空中月
원자   행어세간   무유장애 여공중월

이 出於雲翳ㄴ달하니 諸佛菩薩之所稱讚이며
   출어운예   제불보살지소칭찬

一切人天이 皆應禮敬하며 一切衆生이 悉
일체인천   개응예경   일체중생   실

應供養하리니 此善男子는 善得人身하야 圓
응공양   차선남자   선득인신   원

滿普賢所有功德하고 不久에 當如普賢菩
만보현소유공덕   불구   당여보현보

薩하야 速得成就微妙色身하야 具三十二大
살   속득성취미묘색신   구삼십이대

丈夫相하며 若生人天하면 所在之處에 常居
장부상   약생인천   소재지처   상거

勝族하야 悉能破壞一切惡趣하며 悉能遠離
승족   실능파괴일체악취   실능원리

一切惡友하며 悉能制伏一切外道하며 悉能
일체악우   실능제복일체외도   실능

解脫一切煩惱호대 如師子王이 摧伏群獸ㄴ
해탈일체번뇌   여사자왕   최복군수

달하야 堪受一切衆生供養하리라
       감수일체중생공양

又復是人이 臨命終時 最後刹那에 一
우부시인   임명종시 최후찰나   일

切諸根은 悉皆散壞하며 一切親屬은 悉皆
체제근　실개산괴　　일체친속　실개

捨離하며 一切威勢는 悉皆退失하고 輔相大
사리　　일체위세　실개퇴실　　보상대

臣과 宮城內外와 象馬車乘과 珍寶伏藏
신　　궁성내외　　상마거승　　진보복장

如是一切는 無復相隨호대 唯此願王은 不
여시일체　무부상수　　　유차원왕　불

相捨離하야 於一切時에 引導其前하야 一刹
상사리　　어일체시　인도기전　　　일찰

那中에 卽得往生極樂世界하며 到已에 卽
나중　즉득왕생극락세계　　　도이　즉

見阿彌陀佛과 文殊師利菩薩과 普賢菩薩
견아미타불　　문수사리보살　　보현보살

과 觀自在菩薩과 彌勒菩薩等이어든 此諸菩
　관자재보살　　미륵보살등　　　차제보

薩이 色相이 端嚴하고 功德具足으로 所共圍
살　색상　단엄　　　공덕구족　　소공위

遶어든 其人이 自見生蓮華中하야 蒙佛授記
요　　기인　자견생연화중　　몽불수기

하고 得授記已하야는 經於無數百千萬億那
　　득수기이　　　경어무수백천만억나

由他劫을 普於十方不可說不可說世界에
유타겁　보어시방불가설불가설세계

以智慧力으로 隨衆生心하야 而爲利益하며
이지혜력　　수중생심　　이위이익

不久에 當坐菩提道場하야 降伏魔軍하고 成
불구   당좌보리도량   항복마군   성
等正覺하야 轉妙法輪하야 能令佛刹極微塵
등정각   전묘법륜   능령불찰극미진
數世界衆生으로 發菩提心하며 隨其根性하야
수세계중생   발보리심   수기근성
敎化成熟하며 乃至 盡於未來劫海를 廣能
교화성숙   내지 진어미래겁해   광능
利益一切衆生하리니 善男子야 彼諸衆生이
이익일체중생   선남자   피제중생
若聞若信此大願王커나 受持讀誦하며 廣爲
약문약신차대원왕   수지독송   광위
人說하는 所有功德은 除佛世尊하고 餘無知
인설   소유공덕   제불세존   여무지
者니 是故로 汝等은 聞此願王에 莫生疑念하
자 시고 여등 문차원왕   막생의념
고 應當諦受하며 受已能讀하고 讀已能誦하며
  응당제수   수이능독   독이능송
誦已能持하고 乃至書寫하야 廣爲人說이니
송이능지   내지서사   광위인설
是諸人等은 於一念中에 所有行願을 皆得
시제인등   어일념중   소유행원 개득
成就하며 所獲福聚 無量無邊하야 能於煩
성취   소획복취 무량무변   능어번
惱大苦海中에 拔濟衆生하야 令其出離하야
뇌대고해중   발제중생   영기출리

皆得往生阿彌陀佛極樂世界하나니라
개 득 왕 생 아 미 타 불 극 락 세 계

爾時에 普賢菩薩摩訶薩이 欲重宣此義
이 시　보 현 보 살 마 하 살　욕 중 선 차 의
하야 普觀十方하고 而說偈言하시되
　　　보 관 시 방　　　이 설 게 언

所有十方世界中의　　三世一切人師子를
소 유 시 방 세 계 중　　삼 세 일 체 인 사 자
我以淸淨身語意하야　一切遍禮盡無餘하며
아 이 청 정 신 어 의　　일 체 변 례 진 무 여
普賢行願威神力으로　普現一切如來前하며
보 현 행 원 위 신 력　　보 현 일 체 여 래 전
一身復現刹塵身하야　一一遍禮刹塵佛하며
일 신 부 현 찰 진 신　　일 일 변 례 찰 진 불
於一塵中塵數佛이　　各處菩薩衆會中커든
어 일 진 중 진 수 불　　각 처 보 살 중 회 중
無盡法界塵亦然을　　深信諸佛皆充滿하며
무 진 법 계 진 역 연　　심 신 제 불 개 충 만
各以一切音聲海로　　普出無盡妙言辭하야
각 이 일 체 음 성 해　　보 출 무 진 묘 언 사
盡於未來一切劫을　　讚佛甚深功德海하며
진 어 미 래 일 체 겁　　찬 불 심 심 공 덕 해
以諸最勝妙華鬘과　　伎樂塗香及傘蓋하야
이 제 최 승 묘 화 만　　기 악 도 향 급 산 개
如是最勝莊嚴具로　　我以供養諸如來하며
여 시 최 승 장 엄 구　　아 이 공 양 제 여 래

最勝衣服最勝香과 末香燒香與燈燭이
최승의복최승향 말향소향여등촉
一一皆如妙高聚를 我悉供養諸如來하며
일일개여묘고취 아실공양제여래
我以廣大勝解心하야 深信一切三世佛하며
아이광대승해심 심신일체삼세불
悉以普賢行願力하야 普遍供養諸如來하며
실이보현행원력 보변공양제여래
我昔所造諸惡業이 皆由無始貪瞋癡라
아석소조제악업 개유무시탐진치
從身語意之所生을 一切我今皆懺悔하며
종신어의지소생 일체아금개참회
十方一切諸衆生과 二乘有學及無學과
시방일체제중생 이승유학급무학
一切如來與菩薩의 所有功德皆隨喜하며
일체여래여보살 소유공덕개수희
十方所有世間燈과 最初成就菩提者에
시방소유세간등 최초성취보리자
我今一切皆勸請하야 轉於無上妙法輪하며
아금일체개권청 전어무상묘법륜
諸佛若欲示涅槃커든 我悉至誠而勸請호대
제불약욕시열반 아실지성이권청
唯願久住刹塵劫하야 利樂一切諸衆生하소서하며
유원구주찰진겁 이락일체제중생
所有禮讚供養佛과 請佛住世轉法輪과
소유예찬공양불 청불주세전법륜

隨喜懺悔諸善根을
수희참회제선근
廻向衆生及佛道하며
회향중생급불도

我隨一切如來學하야
아수일체여래학
修習普賢圓滿行하며
수습보현원만행

供養過去諸如來와
공양과거제여래
及與現在十方佛과
급여현재시방불

未來一切天人師하야
미래일체천인사
一切意樂皆圓滿하며
일체의요개원만

我願普隨三世學하야
아원보수삼세학
速得成就大菩提하며
속득성취대보리

所有十方一切刹
소유시방일체찰
廣大淸淨妙莊嚴에
광대청정묘장엄

衆會圍遶諸如來하야
중회위요제여래
悉在菩提樹王下커든
실재보리수왕하

十方所有諸衆生이
시방소유제중생
遠離憂患常安樂하고
원리우환상안락

獲得甚深正法利하야
획득심심정법리
滅除煩惱盡無餘하며
멸제번뇌진무여

我爲菩提修行時에
아위보리수행시
一切趣中成宿命하고
일체취중성숙명

常得出家修淨戒하야
상득출가수정계
無垢無破無穿漏하며
무구무파무천루

天龍夜叉鳩槃茶와
천룡야차구반다
乃至人與非人等과
내지인여비인등

所有一切衆生語로
소유일체중생어
悉以諸音而說法하며
실이제음이설법

勤修淸淨波羅蜜하야　恒不忘失菩提心하고
근수청정바라밀　　　항불망실보리심

滅除障垢無有餘하야　一切妙行皆成就하며
멸제장구무유여　　　일체묘행개성취

於諸惑業及魔境과　　世間道中得解脫을
어제혹업급마경　　　세간도중득해탈

猶如蓮華不著水하고　亦如日月不住空하며
유여연화불착수　　　역여일월부주공

悉除一切惡道苦하고　等與一切群生樂을
실제일체악도고　　　등여일체군생락

如是經於刹塵劫하야　十方利益恒無盡하며
여시경어찰진겁　　　시방이익항무진

我常隨順諸衆生호대　盡於未來一切劫하며
아상수순제중생　　　진어미래일체겁

恒修普賢廣大行하야　圓滿無上大菩提하며
항수보현광대행　　　원만무상대보리

所有與我同行者는　　於一切處同集會하야
소유여아동행자　　　어일체처동집회

身口意業皆同等하야　一切行願同修學하며
신구의업개동등　　　일체행원동수학

所有益我善知識이　　爲我顯示普賢行커든
소유익아선지식　　　위아현시보현행

常願與我同集會하야　於我常生歡喜心하며
상원여아동집회　　　어아상생환희심

願常面見諸如來ㅣ　　及諸佛子衆圍遶하고
원상면견제여래　　　급제불자중위요

於彼皆興廣大供을　盡未來劫無疲厭하며
어 피 개 흥 광 대 공　　진 미 래 겁 무 피 염
願持諸佛微妙法하야　光顯一切菩提行하며
원 지 제 불 미 묘 법　　광 현 일 체 보 리 행
究竟淸淨普賢道를　盡未來劫常修習하며
구 경 청 정 보 현 도　　진 미 래 겁 상 수 습
我於一切諸有中에　所修福智恒無盡하며
아 어 일 체 제 유 중　　소 수 복 지 항 무 진
定慧方便及解脫로　獲諸無盡功德藏하며
정 혜 방 편 급 해 탈　　획 제 무 진 공 덕 장
一塵中有塵數刹하고　一一刹有難思佛한대
일 진 중 유 진 수 찰　　일 일 찰 유 난 사 불
一一佛處衆會中에　我見恒演菩提行하며
일 일 불 처 중 회 중　　아 견 항 연 보 리 행
普盡十方諸刹海와　一一毛端三世海와
보 진 시 방 제 찰 해　　일 일 모 단 삼 세 해
佛海及與國土海에　我徧修行經劫海하며
불 해 급 여 국 토 해　　아 변 수 행 경 겁 해
一切如來語淸淨이라　一言具衆音聲海하고
일 체 여 래 어 청 정　　일 언 구 중 음 성 해
隨諸衆生意樂音이　一一流佛辯才海한대
수 제 중 생 의 요 음　　일 일 유 불 변 재 해
三世一切諸如來ㅣ　於彼無盡語言海로
삼 세 일 체 제 여 래　　어 피 무 진 어 언 해
恒轉理趣妙法輪커든　我深智力普能入하며
항 전 이 취 묘 법 륜　　아 심 지 력 보 능 입

我能深入於未來하야 盡一切劫爲一念으로
아능심입어미래 진일체겁위일념
三世所有一切劫을 爲一念際我皆入하며
삼세소유일체겁 위일념제아개입
我於一念見三世ㅣ 所有一切人師子하고
아어일념견삼세 소유일체인사자
亦常入佛境界中ㅣ 如幻解脫及威力하며
역상입불경계중 여환해탈급위력
於一毛端極微中에 出現三世莊嚴刹커든
어일모단극미중 출현삼세장엄찰
十方塵刹諸毛端에 我皆深入而嚴淨하며
시방진찰제모단 아개심입이엄정
所有未來照世燈이 成道轉法悟群有하고
소유미래조세등 성도전법오군유
究竟佛事示涅槃커든 我皆往詣而親近하며
구경불사시열반 아개왕예이친근
速疾周徧神通力과 普門徧入大乘力과
속질주변신통력 보문변입대승력
智行普修功德力과 威神普覆大慈力과
지행보수공덕력 위신보부대자력
徧淨莊嚴勝福力과 無著無依智慧力과
변정장엄승복력 무착무의지혜력
定慧方便威神力과 普能積集菩提力과
정혜방편위신력 보능적집보리력
淸淨一切善業力으로 摧滅一切煩惱力하고
청정일체선업력 최멸일체번뇌력

降伏一切諸魔力하며 圓滿普賢諸行力하야
항복일체제마력 원만보현제행력

普能嚴淨諸刹海하고 解脫一切衆生海하며
보능엄정제찰해 해탈일체중생해

善能分別諸法海하고 能甚深入智慧海하며
선능분별제법해 능심심입지혜해

普能淸淨諸行海하고 圓滿一切諸願海하며
보능청정제행해 원만일체제원해

親近供養諸佛海하야 修行無倦經劫海하며
친근공양제불해 수행무권경겁해

三世一切諸如來의 最勝菩提諸行願을
삼세일체제여래 최승보리제행원

我皆供養圓滿修하야 以普賢行悟菩提하리
아개공양원만수 이보현행오보리

一切如來有長子하니 彼名號曰普賢尊이라
일체여래유장자 피명호왈보현존

我今廻向諸善根하노니 願諸智行悉同彼어다
아금회향제선근 원제지행실동피

願身口意恒淸淨하고 諸行刹土亦復然이라
원신구의항청정 제행찰토역부연

如是智慧號普賢이니 願我如彼皆同等하며
여시지혜호보현 원아여피개동등

我爲徧淨普賢行과 文殊師利諸大願하야
아위변정보현행 문수사리제대원

滿彼事業盡無餘하고 未來際劫恒無倦하며
만피사업진무여 미래제겁항무권

我所修行無有量하야 獲得無量諸功德하며
아 소 수 행 무 유 량　　획 득 무 량 제 공 덕

安住無量諸行中하야 了達一切神通力하며
안 주 무 량 제 행 중　　요 달 일 체 신 통 력

文殊師利勇猛智와 普賢慧行亦復然이라
문 수 사 리 용 맹 지　　보 현 혜 행 역 부 연

我今廻向諸善根하노니 隨彼一切常修學이어다
아 금 회 향 제 선 근　　수 피 일 체 상 수 학

三世諸佛所稱歎인 如是最勝諸大願을
삼 세 제 불 소 칭 탄　　여 시 최 승 제 대 원

我今廻向諸善根은 爲得普賢殊勝行이라
아 금 회 향 제 선 근　　위 득 보 현 수 승 행

願我臨欲命終時에 盡除一切諸障碍하고
원 아 임 욕 명 종 시　　진 제 일 체 제 장 애

面見彼佛阿彌陀하야 卽得往生安樂刹하며
면 견 피 불 아 미 타　　즉 득 왕 생 안 락 찰

我旣往生彼國已에 現前成就此大願하고
아 기 왕 생 피 국 이　　현 전 성 취 차 대 원

一切圓滿盡無餘하야 利樂一切衆生界하며
일 체 원 만 진 무 여　　이 락 일 체 중 생 계

彼佛衆會咸淸淨이어든 我是於勝蓮華生하야
피 불 중 회 함 청 정　　아 시 어 승 연 화 생

親覩如來無量光하고 現前授我菩提記하며
친 도 여 래 무 량 광　　현 전 수 아 보 리 기

蒙彼如來授記已하고 化身無數百俱胝하며
몽 피 여 래 수 기 이　　화 신 무 수 백 구 지

智力廣大徧十方하야 普利一切衆生界하여지이다
지력광대변시방 보리일체중생계

乃至虛空世界盡하고 衆生及業煩惱盡하며
내지허공세계진 중생급업번뇌진

如是一切無盡時라 我願究竟恒無盡하리
여시일체무진시 아원구경항무진

十方所有無邊刹의 莊嚴衆寶供如來하고
시방소유무변찰 장엄중보공여래

最勝安樂施天人하야 經一切刹微塵劫이라도
최승안락시천인 경일체찰미진겁

若人於此勝願王에 一經於耳能生信하고
약인어차승원왕 일경어이능생신

求勝菩提心渴仰하면 獲勝功德過於彼라
구승보리심갈앙 획승공덕과어피

卽常遠離惡知識하고 永離一切諸惡道하며
즉상원리악지식 영리일체제악도

速見如來無量光하야 具此普賢最勝願하나니
속견여래무량광 구차보현최승원

此人善得勝壽命하며 此人善來人中生하며
차인선득승수명 차인선래인중생

此人不久當成就하야 如彼普賢菩薩行하리
차인불구당성취 여피보현보살행

往昔由無智慧力하야 所造極惡五無間도
왕석유무지혜력 소조극악오무간

誦此普賢大願王하면 一念速疾皆消滅하며
송차보현대원왕 일념속질개소멸

族姓種類及容色과 相好智慧咸圓滿하니
족성종류급용색　상호지혜함원만

諸魔外道不能摧라 堪爲三界所應供하며
제마외도불능최　감위삼계소응공

速詣菩提大樹王하야 坐已降伏諸魔衆하고
속예보리대수왕　좌이항복제마중

成等正覺轉法輪하야 普利一切諸含識하리
성등정각전법륜　보리일체제함식

若人於此普賢願에 讀誦受持及演說하면
약인어차보현원　독송수지급연설

果報唯佛能證知라 決定獲勝菩提道하리
과보유불능증지　결정획승보리도

若人誦此普賢願의 我說少分之善根컨댄
약인송차보현원　아설소분지선근

一念一切悉皆圓하야 成就衆生淸淨願이라
일념일체실개원　성취중생청정원

我此普賢殊勝行의 無邊勝福皆廻向하노니
아차보현수승행　무변승복개회향

普願沈溺諸衆生이 速往無量光佛刹이어다
보원침익제중생　속왕무량광불찰

爾時에 普賢菩薩摩訶薩이 於如來前에
이시　보현보살마하살　어여래전

說此普賢廣大願王淸淨偈已하시니 善財童
설차보현광대원왕청정게이　　선재동

子는 踊躍無量하고 一切菩薩은 皆大歡喜하
자　용약무량　　일체보살　개대환희

며 如來讚言하시되 善哉善哉라
　　여래찬언　　　　선재선재

爾時에 世尊과 與諸聖者菩薩摩訶薩이
이 시　세 존　여제성자보살마하살

演說如是不可思議解脫境界勝法門時에
연설여시불가사의해탈경계승법문시

文殊師利菩薩로 而爲上首하는 諸大菩薩과
문수사리보살　이위상수　　　제대보살

及所成熟인 六千比丘와 彌勒菩薩로 而爲
급소성숙　육천비구　미륵보살　이위

上首하는 賢劫一切諸大菩薩과 無垢普賢
상수　　　현겁일체제대보살　　무구보현

菩薩로 而爲上首하는 一生補處며 住灌頂
보살　이위상수　　　일생보처　　주관정

位인 諸大菩薩과 及餘十方種種世界에서
위　제대보살　　급여시방종종세계

普來集會인 一切刹海極微塵數 諸菩薩
보래집회　일체찰해극미진수　제보살

摩訶薩衆과 大智舍利弗과 摩訶目健連等
마하살중　대지사리불　마하목건련등

으로 而爲上首하는 諸大聲聞과 幷諸人天一
　　　이위상수　　　제대성문　병제인천일

切世主와 天 龍 夜叉와 乾闥婆 阿修羅
체세주　천　룡　야차　건달바　아수라

迦樓羅 緊那羅 摩睺羅伽 人非人等 一
가루라　긴나라　마후라가　인비인등　일

切大衆이 聞佛所說하고 皆大歡喜하야 信受奉行하나라
체대중 문불소설   개대환희   신수봉행

보현행자의 서원

보현행원은 나의 영원한 생명의 노래이며, 나의 영원한 생명의 율동이며, 나의 영원한 생명의 환희이며, 나의 영원한 생명의 위덕이며, 체온이며, 광휘이며, 그 세계입니다. 그렇기 때문에 행원에는 목적이 없습니다. 어떠한 공덕을 바라거나, 부처님의 은혜를 바라거나, 이웃이 알아주기를 바라거나, 내지 성불하기를 바라지 않습니다.

보현행자의 서원

1. 서분(序分)

　부처님은 끝없는 하늘이시고, 깊이 모를 바다이십니다.
　생각할 수 없는 청정공덕을 햇살처럼 끊임없이 부어주십니다.
　나의 마음, 나의 집안, 우리 사회 구석구석에 또한 온 겨레, 온 중생 가슴 속에 한없이 한없이 고루 부어 주십니다.
　온 중생 온 세계 온 우주는 부처님의 자비하신 은혜 속에 감싸여 있습니다.
　부처님의 거룩하신 은혜는 나의 생

명과 우리 국토 온 세계에 넘치고 있습니다.

모든 중생이 부처님의 은혜로운 공덕을 받고서 태어났으며, 은혜로운 공덕을 받아쓰면서 생활합니다.

온 중생은 모두가 일찍이 축복받은 자이며, 일찍이 거룩한 사명을 안고 이 땅에 태어나서 거룩한 삶의 역사를 열어가고 있습니다.

이와 같이 거룩한 광명과 은혜로 살고 있으면서 이 사실을 모르고 있는 자를 중생이라 하였습니다.

저들은 지혜의 눈이 없다 하기보다 착각을 일으켜 육체를 자기로 삼고, 듣고 보는 물질로써 세계를 삼으며, 거기서 얻은 생각으로 가치를 삼고, 그를 추구합니다.

그렇기 때문에 중생세계는 겹겹으로 장벽에 싸여 있고, 사람과 사람 사이는 막혀 있으며, 중생들은 헤아릴 수 없는 고통에 감겨 지냅니다.

이 모두가 미혹의 탓이며, 착각으로 말미암아 자기를 그릇 인정한 데에 기인합니다.

그렇지만 이 국토는 원래로 부처님 공덕이 넘쳐 있습니다.

설사, 중생들이 미혹해서 잘못 보고, 잘못 생각하고, 고통을 느끼더라도 실로 우리와 우리의 국토가 부처님의 광명국토임은 변하지 않았습니다.

거룩한 광명과 거룩한 공덕이 영원히 변함없이 이 세계를 감싸왔고, 그 속에 온 중생이 끝없는 은혜를 지닌

채 약여(躍如)합니다.

　이 세상이 우리 눈에 어떻게 나타나 보이더라도, 이 마음에 어떻게 느껴지더라도, 저희들은 부처님의 무량 공덕장 세계를 의심하지 않겠습니다.

　온 세계 가득히 넘쳐 있는 거룩한 공덕을 결코 의심하지 않겠습니다.

　거룩하신 대보살들과 모든 중생들이 부처님의 거룩하신 마음 속에 하나인 것을 굳게 믿사옵니다.

　일체 중생의 본성이 불성이오므로 온갖 중생의 생명이 부처님의 공덕 생명임을 믿사오며, 중생들이 이 참 생명을 믿고 구김없이 쓰므로써 한량없는 새로운 창조가 열리는 것을 굳게 믿사옵니다.

　보현보살께서 말씀하신 10종행원은

부처님의 무량공덕을 우리의 현실 위에 발휘하는 최상의 지혜행입니다.

행원을 실천하는 데서 우리와 우리의 가정과 우리의 사회 위에 생명의 참 가치가 구현되며, 우리 국토 위에 불국토의 공덕장엄이 구현됩니다.

보현행원은 부처님의 무량공덕세계를 여는 열쇠입니다. 열가지 문은 하나로 통해 있습니다.

한 가지를 행하여도 부처님의 온전한 공덕은 넘쳐 나옵니다.

행원의 실천은 우리가 자기 생명의 문을 여는 일입니다.

나의 생명 가득히 부어져 있는 부처님 공덕을 발휘하는 거룩한 기술입니다.

나의 생명을 부처님 태양 속에 바

로 세우는 일이며, 내 생명에 깃든 커다란 위력을 퍼내는 생명의 숨결이며, 박동(拍動)입니다.

그렇기 때문에 행원에는 목적이 없습니다.

어떠한 공덕을 바라거나, 부처님의 은혜를 바라거나, 이웃이 알아주기를 바라거나, 내지 성불하기를 바라지 않습니다.

행원 자체가 목적입니다.

행원은 나의 생명의 체온이며 숨결인 까닭에 나는 나의 생명껏 행원으로 살고 기뻐하는 것 뿐입니다.

행원으로 나의 생명은 끝없는 힘을 발휘합니다.

출렁대는 바다의 영원과 무한성을 생명에 받으며 무가보(無價寶)가 흐

르는 복덕의 대하(大河)가 생명에 부어집니다.

나의 참생명의 파동이 행원인 까닭에 나의 생명이 끝이 없고 영원하듯이 나의 행원도 끝이 없고 영원합니다.

허공계가 다하고, 중생계가 다하고, 중생의 업이 다하고, 중생의 번뇌가 다하더라도 나의 생명 행원은 다함이 없습니다.

보현행원은 나의 영원한 생명의 노래이며, 나의 영원한 생명의 율동이며, 나의 영원한 생명의 환희이며, 나의 영원한 생명의 위덕이며, 체온이며, 광휘이며, 그 세계입니다.

나는 이제 불보살님 전에 나의 생명 다 바쳐서 서원합니다.

보현행원을 실천하겠습니다. 보현행원으로 보리를 이루겠습니다. 보현행원으로 불국토를 성취하겠습니다.

대자대비 세존이시여, 저희들의 이 서원을 증명하소서.

2. 예경분(禮敬分)

부처님께 예경하겠습니다.

일체 세계 일체 국토에 계시는 미진수(微塵數) 부처님께 예경하겠습니다.

혹은 보살신으로 나투시고, 혹은 부모님으로 나투시고, 혹은 형제나 착한 이웃으로 나투시고, 혹은 거칠은 이웃이나 대립하는 이웃으로 나타나시는 자비하신 부처님께 빠짐없이 예경하겠습니다.

아무리 모나게 나에게 대하여 오고, 아무리 억울하고 다시 어려운 일을 나에게 몰고 오더라도 거기서 자비하신 부처님을 보겠습니다.

나를 키우시려는 극진하신 자비심에서 나의 온갖 일을 다 살펴주시고, 천만가지 방편을 베푸시어 자비하신 은혜로 나에게 대하여 오시는 나를 둘러싼 수많은 부처님.

비록 형상과 나툼이 아무리 거칠더라도 진정 곡진하신 자비심을 깊이 믿고 감사하겠사오며 그 모든 부처님을 공경하겠습니다.

온갖 방편 다 기울여서 영원한 미래가 다하도록 예경하겠습니다.

부모님과 형제, 이웃과 벗, 온 겨레

와 중생이 기실 부처님 아니신 분 없으십니다.

끝없고 한없는 공덕을 갖추지 않으신 분 없으십니다.

이 모든 거룩한 임께 내 지극정성 다 바쳐서 예경하겠습니다.

그리고 이 사회, 이 국토, 이 질서 속에서 이와 같은 불성(佛性) 인간의 존엄과 신성이 보장되고, 그가 지닌 지고(至高)한 가치와 능력과 덕성이 발휘되도록 힘쓰겠습니다.

3. 찬양분(讚揚分)

모든 부처님을 찬양하겠습니다.

부처님의 대지혜와 대자비의 끝없는 큰 공덕을 찬양하겠습니다.

부처님이 지니신 바 거룩하온 서원력은 일체 세계 일체 시간을 덮고 있사오며, 저희들은 온갖 지혜, 온갖 힘을 다 기울여도 그 작은 부분조차 생각할 수 없사오니 오직 있는 정성 모두 바쳐 끝없는 서원력을 찬양하겠습니다.

일체 중생 모두가 또한 부처님의 공덕을 모두 갖추었으니 일체 중생이 갖춘 그 모든 공덕을 찬양하겠습니다.

겉모양이 비록 가지가지 중생상을 보일지라도 그것은 모두가 허망한 그림자이며 나를 위한 방편시현이십니다.

실로 모든 중생이 진정 중생이 아니며, 부처님의 거룩하신 공덕을 구족하게 갖추고 있사옵니다.

지극히 지혜롭고, 지극히 자비하고, 온갖 능력 다 갖추었으며, 온갖 공덕 다 이루어 원만하고 자재하니, 이것이 일체 중생의 참모습이옵니다.

저희들은 이 모든 중생과 그가 지닌 한량없는 공덕을 찬양하겠습니다.

결코 중생이라 낮춰 말하지 않겠습니다.

비방하거나, 어리석다 하거나, 무능하다 하거나, 불행하다 하거나, 미래가 어둡다고 말하지 않겠습니다.

부처님께서 완전하심과 같이 일체 중생이 원만한 덕성임을 믿사오며, 그 모두를 항상 찬양하겠습니다.

끝없는 은혜를 주시는 부처님이 항상 우리 주변에 계시어서 혹은 부모님이기도 하고, 아내나 남편이기도 하고, 형제가 되기도 하고, 이웃이나 벗이나 같은 겨레가 되어서 언제나 끝없는 은혜를 부어주고 계시며, 이 땅 위에 부처님 광명세계를 이룩하기 위하여 큰 위신력을 떨치고 계심을 깊이 믿고, 저 모든 부처님을 미래세가 다하도록 찬양하겠습니다.

일체 세계에 극미진수 부처님이 계시고, 그 낱낱 부처님 계신 곳마다 한량없는 보살들이 둘러계심을 깊이 믿사오며, 눈앞에 대하듯 정성 기울여 찬양하겠습니다.

중생과 세계의 나타난 현상이 아무리 거칠고 부정하게 보이더라도 실로 실상은 청정하고 원만하오니 저는 결코 중생과 세계의 실상을 찬양하고

긍정하는 말을 하겠습니다.

참된 진리의 모습을 깊이 믿고 그 대로를 말하는 것이 실상의 말이며, 참된 말이며, 올바르게 찬양하는 말인 것을 깊이 믿습니다.

그리고 이와 같이 믿고 찬양하는 참말은 위대한 성취력을 지니며 창조의 힘을 나타냄을 깊이 믿습니다.

그리하여 저희들이 닦는 바 찬양하는 행원은 이것이 이 세상에 평화와 번영과 청정과 협동을 실현하는 심묘한 작법임을 믿습니다.

저희들은 이 찬양하는 행원으로 우리의 마음과 우리의 세계에 실상공덕을 구현시키겠사오며, 우리들이 바라온 바 보살의 국토를 성취하고 우리의 일상생활 속에서 필요한 낱낱 소

망을 성취하겠습니다.

 말은 이것이 위대한 창조의 힘을 지니고 있사온 바 저희들은 참된 말을 바로 써서 말의 위력을 실현하겠습니다.

 결코 거짓말을 하지 않겠사오며, 나쁜 말을 하지 않겠사오며, 참된 말만을 하겠습니다.

 결코 소극적이며, 부정적이며, 비관적인 말을 하지 않겠습니다.

 진리의 참모습이 적극적이며, 활동적이며, 원만하며, 영원하기 때문입니다.

 변재천녀는 차라리 미묘한 말과 음성을 내겠지만, 저희들은 그보다도 참된 말을 하고, 부처님의 참된 공덕세계를 믿고, 긍정하고, 찬양하는 말을 하겠습니다.

4. 공양분(供養分)

널리 공양하겠습니다.

시방세계 일체처에 미진수의 부처님이 계시고 한량없는 보살들이 함께 계심을 깊이 믿사오며, 눈앞에 대한 듯 분명한 지견으로 모든 불보살께 공양하겠습니다.

음식으로 공양하겠습니다.

꽃과 향과 음악과 의복과 의약과 방사와 그밖의 모든 공양구로 항상 공양하겠습니다.

공양은 이것이 부처님께서 주신 바 무량복덕의 문을 활짝 여는 길임을 믿습니다.

저희들은 간탐심과 애착심으로 인하여 참된 공양을 행하지 못하였고, 설사 약간의 공양을 한다 하더라도 이유와 조건을 붙인 공양이었습니다.

그러므로 그 과보는 가난하고 물질생활에서 부자유하며 제한을 많이 받고 있사옵니다.

저희들은 이제 공양을 행하되 마음의 문이 활짝 열리도록 아낌없이 바램없이 지성껏 공양하겠습니다.

정성 바쳐 공양하므로써 애착과 간탐심의 작은 뿌리들을 하나하나 뽑겠습니다.

부처님의 무량복덕이 우리 생명에 흘러오는 것을 가로막고 있는 마음의 장벽들이 모두 다 무너지도록 청정한 마음으로 공양하겠습니다.

부처님께 공양하겠습니다. 부모님과 형제와 모든 이웃에게 공양하겠습니다.

부처님께 공양하듯 차별없이 정성 다 바쳐서 공양하겠습니다.

저희들의 이와 같은 공양은 저희들을 가난하게 만들고, 부자유스럽게 만드는 모든 요인을 남김없이 타파하여 우리의 생명 위에 부처님의 무량공덕이 시원스러이 물결쳐 흘러 들어오게 함을 믿사옵니다.

법공양에 힘쓰겠습니다.

부처님 말씀대로 수행하는 공양과, 중생들을 이롭게 하는 공양과, 중생을 섭수하는 공양과, 중생의 고를 대신 받는 공양과, 선근을 부지런히 닦는 공양과, 보살업을 버리지 않는 공양과, 보리심을 여의지 않는 공양을 닦겠습니다.

재물을 베풀어 공양하면 복덕의 종자를 심는 것이며 복덕의 문이 열려옵니다.

이것은 중생의 육체생명을 키워주는 소중한 조건이옵니다.

그러나 법공양을 행하면 행하는 자와, 공양받는 자가 다 함께 법신생명이 성장하오며, 무량한 법신공덕이 넘쳐오고, 그 국토에 찬란한 법성광명이 빛나게 됩니다.

그러므로 법공양을 행하는 공덕이 얼마만한가를 부처님께서도 다 말씀하지 못하십니다.

부처님께서는 무엇보다 법을 존중히 하십니다.

법공양을 행하고 부처님 가르침을 행하면 이 세상에 곧 부처님이 출생하시옵니다.
　법이 불이며, 법은 추상적 이치에 있는 것이 아니고, 구체적인 바른 행동에 있기 때문입니다.
　그러므로 법공양이 참된 부처님 공양이며 이로써 일체 부처님께 참된 공양을 성취합니다.
　법공양을 행함은 일체 불보살의 바라시는 바를 실현하는 것입니다.
　그러므로 법공양을 행하면 보리의 싹이 자라고, 법공양을 행하면 무량 공덕문이 열리며, 법공양을 행하면 중생이 성숙되고, 법공양을 행하면 국토가 맑아지오며, 제불보살이 환희하시옵니다.

저희들은 이 생명을 법공양으로 빛내겠습니다.

부모님께 공양하겠습니다. 아내와 남편에게 공양하겠습니다. 형제와 이웃과 모든 동포 모든 인류에게 공양하겠습니다.

이 생명 영원하고 청정함과 같이 영원히 법공양을 행하겠습니다.

5. 참회분(懺悔分)

모든 업장을 참회하겠습니다.

기나긴 과거세에서 오늘날에 이르도록 햇빛보다 밝은 참성품을 어기고 많은 죄업을 지었습니다.

기나긴 과거세에서 금생에 이르는 동안 미혹하고 어리석어 성내고 탐욕

부려 많은 죄를 지었습니다.

　몸으로 죄를 지었습니다. 입으로 죄를 지었습니다. 생각에만 있을 뿐, 행이나 말로 나타나지 아니한 죄도 또한 많이 지었습니다.

　그 사이에 지은 죄는 아는 것도 있고, 모르고 범한 죄도 있사오며, 지은 죄를 잊은 것도 한이 없습니다.

　이 모든 죄가 만약 형상이 있다면 허공으로 어찌 용납할 수 있으리까?

　이제 불보살님 앞에 머리 조아려 참회하옵니다.

　영영 다시는 짓지 않겠사오며 영원토록 청정자성을 행하여 나아가겠습니다.

　이제 저의 밝은 자성 드러내어 살피옵건대, 저희들이 지난 동안 지은

바 모든 죄업들은 자성 앞에 가로놓인 한조각 구름이오며 한가닥의 안개인 듯하옵니다.

내 이제 청정한 삼업에 돌아가 모든 불보살님 전에 거듭 지성으로 참회하옵니다.

다시는 악한 업을 짓지 않겠습니다.

영영 청정한 일체 공덕 속에 머물러 있겠습니다.

죄업은 이것이 어둠이오며 참회는 이것을 밝은 자성광명 앞에 드러냄이옵니다.

찬란한 자성광명 앞에 어찌 사라지지 아니할 어둠이 있사오리까.

밝음 앞에 어둠이 사라지듯이 저의 참회 앞에 모든 죄업이 사라짐을 믿사옵니다.

　죄업이 사라졌으매 다시 어찌 청정한 자성광명을 가로막을 것이 있사오리까.

　참회하였으므로 죄업이 소멸되고, 모든 죄업이 소멸되었사오매 저의 생명에는 끝없는 부처님의 자비공덕이 넘쳐남을 믿사옵니다.

　그러므로 저희들은 지성으로 참회하고는 다시는 죄를 생각하지 않겠습니다.

　흘러간 구름을 좇지 않겠사오며 지나간 어둠을 마음 속에 붙들어 놓지 않겠습니다.

　항상 밝은 마음, 항상 맑은 마음, 항상 활기찬 마음으로 일체 공덕을 실천하겠습니다.

끝없는 청정행을 펴 나아가겠습니다.
그리고 때없는 맑은 눈으로 일체 세계 일체 중생을 대하겠습니다.
남이 잘못하는 듯이 보이는 허물은 남의 허물이 아니옵고 저 자신의 허물임을 알겠습니다.
원래는 마음 밖에는 한 물건도 없는 것이오매 어찌 내 마음의 허물을 떠나서 다른 사람의 허물이 있사오리까?
밖에 나타나 보이는 허물은 이것이 나 자신의 마음 속에 깃든 어두운 그림자의 나타남임을 알고 다시 참회하는 마음을 새로이 하겠습니다.
고난과 장애를 당하여 결코 불평하거나 원망하지 않겠습니다.
고난이 나타났으므로 업장이 소멸

되고 참회하여 소멸되었음을 믿고 기뻐하고 용기를 내겠습니다.

6. 수희분(隨喜分)

남이 짓는 공덕을 기뻐하겠습니다.
모든 부처님께서 처음 발심하실 때로부터 무상지(無上智)를 구하기 위하여 부지런히 복덕을 닦을 새, 몸과 목숨을 돌보지 아니하고, 무한 겁이 다하도록 난행고행을 행하시면서 가지가지 바라밀문(波羅蜜門)을 닦으신 그 모든 공덕을 기뻐하겠습니다.
가지가지 보살도를 원만히 닦으시고, 마침내 무상도를 성취하시며, 열반에 드신 뒤에 사리를 분포하시는 그 모든 공덕을 기뻐하겠습니다.

또한 시방일체세계에 있는 사생(四生) 육취(六趣) 모든 종류 중생들이 짓는 한 털끝만한 공덕이라도 존중하며 함께 기뻐하겠습니다.

시방세계 모든 보살들과, 모든 성자들과, 모든 스님들이 닦으시는 온갖 공덕을 다 함께 기뻐하겠습니다.

일체 중생 어떤 종류의 중생이 짓는 공덕이라도 극진히 존경하겠사옵거든 하물며 보살들이 닦으시는 행하기 어려운 여러 수행이리까!

가지가지 난행고행으로 무상도를 이루시며, 모든 중생에게 가르치시고, 또한 우리에게 올바른 행의 표본이 되시며, 깊은 가르침을 주시고, 나아가 불국토를 성취하시는 그 모든 높은 공덕을 남김없이 찬양하고 기뻐하겠습니다.

　세상에서 나쁜 사람이라고 낙인찍힌 사람일지라도 그가 행하는 착한 공덕이 또한 한이 없음을 믿고, 그가 행한 털끝만한 공덕이라도 진심으로 기뻐하겠습니다.

　나를 해치려 하고 모함하고 욕하고 억울한 누명을 씌우거나, 또는 때리고 손해를 끼친 사람이라 하더라도 그가 지닌 공덕을 찬탄하고 그가 짓는 공덕을 함께 기뻐하겠습니다.

　모든 불보살과 일체 중생과 저희들은 원래가 한몸이옵기 그 중에 어느 하나가 지은 공덕은 바로 그것이 저 자신의 기쁨이 아닐 수 없습니다.

　함께 기뻐함으로써 넓고 큰 기쁨이 너울치는 큰 생명을 가꾸어 가겠습니다.
 남이 짓는 공덕을 함께 기뻐하올 때 남과 나는 둘이 아님을 확인하옵니다.
 이 세간 누구와도 대립된 자 없고 불화할 사람 없사오니 이 천지 누구와도 화합하고 화목하게 지내며 존중하겠습니다.
 화합하지 아니함은 대립한 것이요, 두 쪽이 된 것이며, 은혜를 주신 수많은 불보살님과 담을 쌓고 척을 짓는 것이 되옵니다.
 설사 부처님께 공양하고, 부처님을 받들어 섬기며, 경전을 외운다 하더라도 만약 부모님이나 부부나 형제나 이웃이나 그밖에 벗들과 화목하지 못한다면 부처님께 공양은 성취되지 못하옵니다.

　부모님과 형제와 모든 이웃과 한마음이 되고, 존경하고 아끼고 함께 기뻐하올 때 불보살님께 공양이 성취됨을 믿사옵니다.

　부처님은 일체를 초월한 불이(不二)로 계시오며, 일체 중생을 하나로 하신 곳에 계시옵니다.

　일체와 화합하고 일체와 둘이 아님을 쓰는 데서 저희들은 부처님의 은혜를 받을 수 있는 것이며 그 기쁨을 누릴 수 있사옵니다.

　남이 짓는 공덕을 기뻐한다는 것은 진정 그와 더불어 마음을 함께 함이옵니다.

　저희들은 남이 짓는 공덕을 함께 기뻐함으로써 거기에서 부처님이 주시는 자비하신 은혜를 받을 마음바탕을 이루게 됨을 믿사옵니다.

이와 같이 한마음이시며 큰 은혜를 베푸시는 부처님께 감사하겠습니다.

부모님과 형제에게 감사하겠습니다. 감사는 바로 화목이며 둘이 아님을 이루는 것이오매 저희들은 일체 중생에 감사하겠습니다.

한몸이 생각없이 한몸의 완전을 도모하듯이 둘이 아닌 경지에서는 결코 서로에 해침이 없사옵니다.

일체 중생에 감사하여 둘이 아니며, 그의 승리, 그의 성공, 그의 공덕을 찬양하고 기뻐할 때 그 모두는 나와 더불어 한몸이거니 어느 무엇이 나를 해칠 자 있으오리까. 일체 중생과 둘이 아닌 이 몸을 이루게 하는

'감사'와 '함께 기뻐하는' 이 심묘한 법을 저희들은 생명껏 노래하고 받들어 행하겠습니다.

7. 청법분(請法分)

설법하여 주시기를 청하겠습니다.

일체 세계 처처에 한량없는 부처님이 계시니 제가 그 모든 부처님께 몸과 말과 뜻을 기울여 여러 가지 방편을 지어서 설법하여 주시기를 권청하겠습니다.

아무리 많은 세간적 영화가 가득찼다 하더라도 그것은 모두가 잠깐이기 번개나 아침이슬과도 같은 것이라 믿고 의지할 바 못되지만, 부처님법은 이것이 영겁의 보배이며 영원한 생명

수(生命水)입니다.

 부처님의 법으로 중생은 대해탈을 성취하며 이 세계는 불국토로 바뀝니다.

 이 법이 머무르는 곳에 태양이 있는 것이고, 이 법이 숨었을 때 영겁에 어둠이 있다고 하옵니다.

 진정 부처님 법은 진리의 태양이십니다. 오래오래 이 땅에 머물러서 영원토록 중생들을 이롭게 하여 주시기를 간절히 바라옵니다.

 부처님 법은 원래로 있는 것이매 쇠(衰)하거나 성(盛)할 것도 없사옵니다.

 부처님이 나타나시어서 다시 더 한 법이라도 가히 보탤 것도 없는 것이오나, 그러나 미혹한 중생들에게는 부처님의 말씀이 아닌들 어찌 영원한 감로의 법을 알 수 있사오리까!

부처님의 설법을 통해서 비로소 저희 앞에 불법이 나타날 수 있사옵니다.

불법이 있으므로 해서 중생의 희망도 국토의 평화도 마침내 이룰 수 있사옵니다.

참되게 살고 싶어도 거짓과 다툼과 고통의 수레바퀴를 벗어나지 못하는 것은 중생들이 불법을 모르는 데서 오는 것이오니, 진실로 설법은 중생과 세계를 붙들어 나아갈 가장 근원적인 지혜며 힘이시옵니다.

모든 부처님께 설법하여 주시기를 청하겠습니다. 모든 대보살께 설법하여 주시기를 청하겠습니다.

모든 선지식들과 모든 스님들께 설법하여 주시기를 청하겠습니다.

설사 잠시 동안 스님을 만나거나, 잠깐 동안 삼보도량에 머물렀거나, 한 장의 경전을 읽은 사람에게 까지라도 설법하여 주시기를 청하겠습니다.

저의 몸과, 저의 말과, 저의 뜻을 다바쳐서 설법을 청하겠습니다.

이 땅 위에 평화가 영원하도록, 모든 중생이 환희하도록 이들 모두를 가꾸고 키워주시는 감로의 법우(法雨)가 끊임없이 포근히 내려지도록 지극정성 기울여서 권청하겠습니다.

이 땅이 아무리 스산하고, 이 땅이 아무리 캄캄하고, 이 땅이 아무리 폭풍우가 몰아쳐도 필경 이 모든 불행과 악과 재난을 쓸어버리는 것은 오직 부처님의 법문 뿐이오니, 대법문의 수레가 멈추지 않고 구르는 한 찬란한 아침해는 밝아 오는 것이며, 구름을 몰아내는 한가닥 바람은 거기에 있사옵니다.

이 땅 위에 설법이 행하여지는 데는 선지식이 계시고 설법할 법당과 법을 설할 모임이 있어야 하옵니다.

부처님에게 죽림정사(竹林精舍)와 기수급고독원(祇樹給孤獨園)이 있었듯이 청법하올 대중과 설법하올 처소가 있어야 하옵니다.

서로가 화합하고 환희하며, 서로가 힘을 합하여 법륜 굴리기에 힘쓴다면 설법은 더욱 더 우뢰같이 울려퍼져서 우리사회 구석구석에 감로법우(甘露

法雨)가 넘쳐납니다.

그러하옵기에 저희들은 법륜이 영원토록 구르게 하기 위하여 정성 다 바쳐서 설법 환경을 가꾸겠습니다.

이 땅에 선지식이 나타나시어 법을 설하시는데 이를 비방하거나, 모임에 불참하거나, 허튼 말을 돌려서 불목하게 한다면 이것은 법륜이 구르는 것을 방해하는 것이오니 어찌 털끝만이라도 감히 그런 짓을 하오리까.

저희들은 맹세코 선지식께 설법하여 주시기를 청하겠사오며, 항상 법을 배우는 거룩한 무리들과 그 모임을 환희 찬탄하겠사오며, 법회가 열리는 곳이 비록 먼 곳이라 하더라도 가장 귀한 보물을 찾아가는 마음으로 찾아가 청법하겠사오며, 선지식과 그

모임의 거룩하온 이름을 널리 드날리
겠습니다.

8. 청주분(請住分)

　모든 부처님께 이 세상에 오래 계
시기를 청하겠습니다.
　모든 보살들과 성문·연각·유학·무
학 일체 선지식에게 열반에 드시지말
고 영원토록 이 세상에 머무시면서
중생들을 이롭게 하여 주시도록 권청
하겠습니다.
　부처님은 법계의 태양이시며, 선지
식은 일체 중생을 돕고 성숙시킬 마
지막 의지처이십니다.
　이 모든 성스러운 스승님께서는 항
상 밝고 맑은 청정법을 흘러내시어

중생을 키워 주시고 세계를 윤택하게 하여 주시옵니다.

저희들은 이들 모든 부처님과 모든 선지식을 물 건너는 사람의 부랑(浮囊)과 같이 생각하고 존중하고 의지하며, 세간의 안목으로 받들고 섬기겠습니다.

생명의 물줄기는 이들 성스러운 선지식을 통해서 흘러나옵니다.

이 땅 위에 감로수가 끊이지 아니하도록, 복전이 영원하도록, 지혜의 태양이 영원히 빛나도록, 중생이 의지할 두려움이 없는 힘이 영원하시도록 저희들은 기원드리겠사오며, 모든 선지식에게 열반에 드시지 말고 영겁토록 머물러 주시기를 지심 간청하겠습니다.

선지식께서는 우리를 가르치시며, 우리와 함께 일하시며, 우리를 보호하여 주십니다.

우리의 선지식께서는 불조의 정지견(正知見)을 갖추셨으며, 마음에 상이 없으시고, 항상 청정범행을 찬탄하시옵니다.

설사 저희들이 친근코저 하여도 교만하지 않으시고, 저희들이 멀리하여도 원한이 없으시오나, 저희들은 이 모든 선지식에게 목숨 다바쳐 공양하고 섬기겠습니다.

선지식이 이 땅에 머무시올 때 이 땅에는 안목이 있는 것이며, 선지식이 이 땅을 떠났을 때 이 땅은 지혜의 눈을 잃으옵니다.

선지식이 아니계시올 때 중생들은

무엇을 인하여 기나긴 미망의 밤을 헤어날 수 있사오리까.

오늘 저희들은 거룩하온 선지식들을 모시고 있사옵니다.

맹세코 이들 모든 선지식을 공양하고 섬기오면서 그 가르침을 받들어 행하고, 일체 불찰 극미진수겁(極微塵數劫)토록 이 세상에 머물러 주시기를 간청하겠습니다.

일찍이 유덕왕(有德王)이 각덕(覺德) 비구를 보호하고자 하여 스스로의 신명을 바침으로써 아촉불국(阿閦佛國) 제일의 성문이 되었고, 마침내 그 호법공덕으로 정각을 이루심과 같이 저희 또한 일체의 선지식을 받들고 섬기어 거룩한 법이 이 땅에 영원히 머물도록 힘쓰겠습니다.

9. 수학분(隨學分)

항상 부처님을 따라 배우겠습니다.

부처님의 견고하신 발심과 불퇴전(不退轉)의 정진을 배우겠습니다.

지위나 재산이나 명예나 내지 목숨까지도 보시하신 것을 따라 배우겠습니다.

헤아릴 수 없는 난행고행을 닦으시고, 보리수하에서 대보리를 이루시고, 가지가지 신통변화를 일으키시던 일을 따라 배우겠습니다.

어떤 때는 부처님 몸을 나투시고, 어떤 때는 보살 몸을 나투시고, 혹은 성문 연각의 몸을 나투시고, 성왕이나 학자나 정치가나 사업가나 혹은 무명의 거사신(居士身)을 나투시기도 하며, 혹은 천룡팔부 등 신중(神衆)의 몸을 나투시면서 저들의 모인 곳에 이르러 저들을 성숙시키던 일들을 다 따라 배우겠습니다.

　부처님의 음성은 원만하시고, 중생의 근기 따라 알아듣게 하시며, 그들의 마음을 열어 번뇌를 쳐 없애고 지혜와 환희가 넘쳐나게 하시며, 마침내 저들의 기뻐함을 따라서 수행을 성취케 하시니 저희들은 그 모두를 따라 배우겠습니다.

　부처님께서 열반을 보이심은 중생의 방만(放慢)을 여의게 하고자 하심이시니 짐짓 열반상을 보이시나 실로는 멸도함이 없사옵니다.

　영원토록 중생들을 깨우치고 키워

주시고자 온갖 방편 베푸시며 잠시의 쉼도 없으시는 그 모두를 따라 배우겠습니다.

부처님께서 발심하고, 정진하고, 고행하시고, 대각을 이루시고, 교화하시는 그 사이에 베푸신 칭량못할 무량 법문은 모두가 중생들이 닦아가야할 표준을 보이심이십니다.

청정한 자성을 구김없이 온전히 드러내는 과정과 방법을 보이심이오니 저희들은 이 모두를 따라 배워서 본래의 함이 없는 땅에 이르겠습니다.

누구나 중생된 몸에서부터 시작하여 번뇌의 몸, 업보의 몸 그 모두를 벗어나고 청정한 본법신(本法身)을 이루고자 할진대, 부처님이 행하신 바 그 모두는 마땅히 배우고 의지하고 닦아 이룰 위없는 대도이며 묘법임을 깊이 믿고 지성 다해 받들어 배우겠습니다.

10. 수순분(隨順分)

 항상 중생을 수순하겠습니다.
 진법계 허공계 시방세계에 있는 모든 중생을 수순하겠습니다.
 태로 낳든 알로 낳든 출생의 차별 없이 수순하겠습니다.
 땅에 살든 물에 살든 하늘에 살든 풀섶에 살든 마을에 살든 궁전에 살든 그 모든 중생을 수순하겠습니다.
 몸의 형상이 어떻게 생겼더라도 차별하지 아니하고, 그의 수명이 길든 짧든 나이가 많든 적든 차별하지 아니하고 수순하겠습니다.
 종족이나 그가 속한 계급을 보지 않고 수순하겠사오며, 그의 심성이 간악하든 질투하든, 넓든 좁든, 선하든 악하든 모두를 수순하겠습니다.
 지혜있든 지혜가 없든, 어떠한 행동을 하든 거동과 형색이 아무리 괴이하더라도 다 한결같이 수순하겠습니다.
 형상이 있든 없든 생각이 있든 없든, 빛깔이 있든 없든 모든 중생들을 다 수순하겠습니다.
 부모와 같이 공경하며 스승이나 아라한이나 내지 부처님과 조금도 다름없이 받들어 섬기겠습니다.
 병자에게는 어진 의원이 되고, 길 잃은 자에게는 바른 길을 가리키고,

어두운 밤중에는 광명이 되고, 가난한 이에게는 보배를 얻게 하면서 일체 중생을 평등하게 받들고, 그의 이익을 도모하겠습니다.

중생을 수순함은 모든 부처님을 수순함이 되며, 중생을 존중히 받들어 섬기면 여래를 존중히 받들어 섬김이 되며, 중생으로 하여금 환희심이 나게 하면 여래로 하여금 환희하시게 함이오니, 저희들은 모든 중생에게 부처님을 대하듯 공경하고 받들어 섬기겠습니다.

부처님을 큰 나무에 비유하오면 중생은 나무의 뿌리요, 보살은 꽃과 과실이시옵니다.

만약 나무 뿌리에 물을 주면 어찌 지혜의 꽃과 과실이 무성하지 않겠사오며, 여래이신 나무가 환희로 장엄하지 않으오리까?

부처님께서는 중생으로 인하여 대비심을 일으키시고, 대비심으로 인하여 보리심을 발하시며, 보리심으로 인하여 정각을 이루신다 하시니, 중생을 공경하고 받들어 섬김이 이 어찌 부처님을 받들어 섬김이 아니오리까?

중생이 없사올 때 일체 보살이 성불하지 못한다 하셨사옵니다.

저희들은 모든 중생을 받들어 섬기겠습니다. 원수거나 친한이나 차별없이 받들어 섬기겠습니다.

그러하옵거늘 어찌 부모님이나 아내나 남편이나 형제와 이웃을 받들어 섬기지 아니하오리까?

이분들을 수순하고 받들어 섬기올 때 보살의 나무는 무성하고, 보리의 화과(華果)가 성취되오며, 저희들의 생활마당에 크나큰 공덕의 물결이 넘쳐오는 것을 믿사옵니다.

이와 같이 수순을 배워올 때 어찌 이 세상에 불화하고 불목하고 대립할 중생이 있사오리까.

저 모든 중생들은 부처님이 마땅히 거두시는 바며, 내가 마땅히 회복하여야 할 자기 생명의 내용입니다.

저들을 수순하고 받들어 섬김은 곧 참된 자기의 성장이며, 원만성을 한층 성취하는 것이 되옵니다.

중생이 중생이 아니요, 내 자성의 중생이오니, 저들을 받들고 수순하며 공양하면 이것이 자기제도며 중생 제

도며 제불공양을 함께 하는 법공양이 아니오리까.

중생은 자성분별이요, 수순은 자성청정의 실현이오니, 이것이 보살의 최상행임을 믿사옵니다.

중생들을 성숙하고 참된 이익을 주기 위하여 저희들은 부지런히 지혜를 닦겠사오며, 다시 서원과 방편을 깊이 닦아서 항상 모든 중생을 수순하겠습니다.

11. 회향분(廻向分)

지은바 모든 공덕을 널리 중생에게 회향하겠습니다.

부처님께 예배하고 공경하며, 모든 부처님을 찬양하며, 내지 모든 중생을 수순한 것까지의 모든 공덕을 진법계 허공계 일체 중생에게 남김없이 회향하겠습니다.

바라옵건대 모든 중생이 항상 안락하여지이다. 일체 병고는 영영 소멸하여지이다.

악한 일을 하고자 하면 하나도 됨이 없고, 착한 일을 하고자 하면 다 성취하여지이다.

저들이 나아가는 곳에 일체 악취의 문은 모두 닫히고, 인간에나 천상에나 열반에 이르는 바른 길은 활짝 열려 있어지이다.

저 모든 중생들이 무시겁래 지어 쌓은 악업으로 인하여 한량없는 고초를 받게 되옵거든 제가 다 대신 받겠사옵니다.

바라옵나니 저 모든 중생이 모두 해탈하여 무상보리를 성취하여지이다.

제가 지은 공덕은 일체 중생의 공덕이 되어 저들의 미혹한 마음이 활짝 밝아지오며, 불보살이 이루신 바 모든 공덕을 수용하고 불국토의 청정 광명을 영겁토록 누려지이다.

옛 불보살이 이러하셨으며, 오늘의 불보살이 이러하시오매, 저희들의 회향도 또한 이러하옵니다.

반야보살 행원기도

·

영가축원

·

보현행원품 해설

·

보현행원송

반야보살 행원기도

위 없는 진리로서 영원하시고, 법성광명으로 자재하옵신 본사 세존이시여, 저희들의 지성 섭수하시고, 자비거울로 간곡히 살펴 주옵소서.

대자비 세존께서는 온 중생 하나하나 잠시도 버리지 않으시고, 영원한 진리광명으로 성숙시키시건만, 미혹한 범부들이 크신 광명 등지고 스스로 미혹의 구름을 지어 끝없는 방황을 계속하여 왔사옵니다.

장애와 고난과 죽음이 따랐고, 불행과 눈물과 죄악의 업도를 이루었사옵니다. 그러하오나 부처님의 지극하신 자비 위신력은 저희들을 살피시고 감싸시어 저희들에게 믿음의 눈을 열게 하셨사옵니다.

저희들의 본성이 어둠과 죄악이 아니고, 광명과 지혜이오며, 불안과 장애가 아니고 행복과 자재이오며, 무능과 부덕이 아니라 일체 성취의 원만공덕이 충만함을 깨닫게 하셨사옵니다. 저희 생명에서 부처님의 자비로운 위신력이 샘물처럼 솟아나고, 부처님의 크신 자비와 큰 서원은 생명의 소망으로 빛나고 있음을 깨달았습니다.

저희들의 용기는 무장애 신력으로 장엄하였고, 부처님의 자비하신 가호력이 영원히 함께 함을 깨달았습니다. 부처님의 크나큰 원력이 저희들과 저희 국토를 성숙시키시니 저희 국토는 영원히 진리를 실현하고, 영광으로 가득 채울 축복될 땅임을 깨달았습니다. 이처럼 커다란 은혜와 찬란한 광명으로 장엄한 저희들에게 어찌 실로 불행과 고난이 있사오리까.

영원히 행복하고 뜻하는 바는 모두 이루며, 행운과 성공이 끝없이 너울치는 은혜의 평원이 열리고 있사옵니다. 마하반야바라밀의 크신 위덕이 이와 같이 일체 중생, 일체 국토를 광명으로 성숙시키고, 일체 생명 위에 무애위덕을 갖추어 주셨사옵니다.

이와 같은 부처님의 대자비 은덕

으로 저희들의 생각은 항상 맑고 뜻은 바르며, 마음은 끝없이 밝은 슬기로 가득차 있사옵니다. 그러므로 저희들이 부처님의 반야법문을 깨닫고 이 믿음에 머무르니 끝없는 행복의 나날이 열려옵니다. 불행은 이름을 감추고, 희망의 햇살은 나날이 밝음을 더하고, 성공의 나무에는 은혜의 과실이 풍성하고, 저희들의 생애는 끝없는 성취를 충만케 하십니다.

대자비 세존이시여, 이제 저희들은 부처님의 끝없는 은혜 광명 속에서 지성으로 감사드리고, 환희 용약하오면서 서원을 드리옵니다.

저희들은 반야 법문에서 결코 물러서지 않겠습니다. 생명의 바닥에 영원히 빛나는 부처님의 끝없는 은혜를 잠시도 잊지 않겠습니다. 온 누리 온 중생 위에 끊임없이 넘치는 부처님의 자비은덕을 끝없이 존경하고 찬탄하겠습니다. 부처님을 위시한 일체 삼보님과 일체 중생에게 온갖 정성 바쳐 공양하고, 섬기고 받들겠습니다. 그리하여 영원토록 모든 국토 모든 중생에게 평화 행복이 결실도록 힘쓰겠습니다.

자비하신 세존이시여, 저희들의 이 서원이 이루어지도록 가호하여 주옵소서. 모든 번뇌에서 해탈하고 고난에서 벗어나며, 대립과 장애와 온갖 한계의 벽을 무너뜨리고, 걸림없는 반야광명이 드러나게 하여 주옵소서. 미혹의 구름이 덮여 올 때 믿음의 큰 바람이 일게 하시며, 고난과 장애를 보게 될 때 바라밀 무장애의 위덕이 빛나게 하여 주옵소서. 그리하여 저희들의 생애가 보살의 생애로서 일체 중생과 역사와 국토를 빛냄으로써 마침내 부처님의 크신 은덕을 갚아지이다.

나무석가모니불.

영가축원

시방삼세　영원토록　항상하신　삼보전에
저희들이　일심정성　우러러　　아뢰오니
대자대비　베푸시어　거두어　　주옵소서.
위로조차　닦아온　　한이없는　큰공덕을
위없는　　보리도와　제불보살　큰성현과
삼계일체　중생에게　모두회향　하옵나니
일체에　　두루하여　원만하여　지이다.
저희조국　대한민국　만만세로　평화롭고
겨레형제　안락하고　큰보리심　발하오며
세계국토　항상맑고　천국만민　자유얻고
십류사생　빠짐없이　고루성불　하여이다.
위없이　　밝은법문　온천지에　넘쳐나고

불성광명　항상빛나　큰법수레　굴러이다.
사바세계　한반도에　보리도량　빛난중에
저희들이　계수하며　일심정성　원하오니
자비하신　원력으로　다시거둬　주옵소서.
대한민국　○○거주　(이름)가　청하옵는
선망(자모)　(본관○씨)　○○○　영가가
거룩하온　이인연에　크신은혜　가득입고
불보살님　크신광명　그의앞길　밝게비춰
과거생과　생전중에　지은업장　소멸되고
극락세계　구품연대　상상품에　가서나고
아미타불　친견하여　법문듣고　마음열어
생사없는　큰지혜를　남김없이　요달하여
시방국토　드나들며　광명놓고　설법하여
불보살님　크신서원　함께이룩　하여이다.
다시또한　이미가신　스승님과　부모님과
누세의　종친들과　형제자매　영가들과
이도량　창건이래　중건중수　공덕주와

오늘날에 이르도록 인연공덕 지은이와
도량내외 유주무주 외로운 영가들과
나라위해 목숨바친 충의장병 애국선열
세계평화 이루고저 몸을바친 성현들과
지옥계와 아귀도중 고통받는 고혼들이
부처님의 한이없는 대비원력 입사와서
삼계의 고통바다 모두함께 벗어나고
극락세계 광명국토 연꽃나라 왕생하여
부처님의 감로법문 정수리에 부어지고
큰반야의 밝은지혜 활연성취 하여이다.
아울러 바라옴은 금일지성 제자들과
노소남녀 가족들과 형제들과 친족들과
이도량에 함께모인 스님들과 신도들에
부처님의 자비광명 어느때나 감싸아서
마음속의 원하는바 착한소망 다이루고
나날이 상서일고 모든재난 소멸하며
수명의산 견고하고 복의바다 더욱넓어

밝은지혜　큰원으로　보살대로　이뤄지이다.
온법계　　불자들이　크신은혜　항상입어
보리도량　다이르고　불보살님　친견하여
제불광명　항상받고　모든죄장　소멸하며
한량없는　지혜얻고　무상정각　이루어서
법계중생　모두함께　마하반야　바라밀.
나무석가모니불.

보현행원품 해설

행동 불교 행원

　보현행원품의 갖춘 이름은 『대방광불 화엄경 입부사의 해탈경계 보현행원품(大方廣佛 華嚴經 入不思議 解脫境界 普賢行願品)』이다. 화엄경 80권 밖의 별행본으로 화엄경 법문의 총결이라 할 수 있는 화엄사상의 진면목이다. 화엄경이 부처님의 깨달으신 내용, 광대한 공덕을 설하고 있지만 행원품에 이르러서 그와 같은 광대한 공덕을 성취할 방법을 말씀하고 있는 것이다.

　선재동자가 무상정각을 이루기로 발심하여 여러 선지식을 찾아다니는데 53 선지식을 찾아 법을 묻고 배우는 구도역정의 마지막 차례에 보현보살을 만나게 된다. 여기서 보현보살이 선재동자에게 보현행원을 설하여 그의 기나긴 구도역정의 최후를 장식하고 있다.

　여기에서 설하는 열 가지 행원 하나하나는 보살행을 완성시키는 최고 최상의 행일 뿐만 아니라, 바로 제불 여래와 함께 쓰는 일진법계(一眞法界)의 현발이며 자성의 묘용인 것이다. 그러므로 불법을 지식으로 알려 하거나 이론을 알려 하는 사람은 또 모르거니와 불법을 행동으로 실천하여 불법의 무상공덕을 자신의 생활과 환경에서 실현하고자 하는 사람이라면, 불가불 보현행원을 배우지 않을 수 없는 것이다.

실로 인간은 구체적 실현을 통하여 체득이 있는 것이며, 불법은 이론이나 관념에 있는 것이 아니고 현실적이며, 구체적인 행에 있는 것이다. 참으로 살아있는 참된 자신의 진실행을 전개함으로써 인간은 자성의 청정을 확인하는 것이며, 생활과 환경을 조화와 번영으로 전개하는 것이며, 나아가 인류역사를 평화와 환희의 평원으로 펼쳐가는 것이다. 만약 불법이 아무리 교학이 정연하고 그 세계가 찬란하기 비할 데 없고 그 사상이 원대하고 착실하더라도 그 진리를 현실 위에 굴리는 구체적인 창조행이 없다면 그것은 한낱 타방세계의 화려한 장엄에 그칠 것이다.

오늘날 세계는 사상적 혼란과 사회적 변동으로 인간정신은 극단의 혼돈 속을 헤매고 있다. 높은 이상과 인간가치의 실현보다 각박한 현실 위에서 살아 나가기에 여념이 없는 것이다. 갈등과 대립과 충돌 속에서 순간순간의 생존의 연장 확대 안정을 추구하고 있는 것이 숨길 수 없는 현실이다.

우리는 보현행원에서 오늘의 현실에 영원을 실현하며 낱낱 행에 완전무결한 진리를 창조하여 필경 정불국토로 나아가는 대법을 배워야 할 것이다. 보현행원품을 읽고 배우고 행하여 오늘의 인류세계를 평화와 번영의 영원한 보살국토로 바꾸기를 기약하여야 할 것이다.

보현보살에 대하여

보현행원품은 보현보살이 설한 것이다. 보현보살의 덕상에 대하여 잠시 언급해 보면

　　　보현신상여허공(普賢身相如虛空)
　　　의진이주비국토(依眞而住非國土)
　　　수제중생심소욕(隨諸衆生心所欲)
　　　시현보신등일체(示現普身等一切)

이 찬게는 보현보살의 몸과, 보현보살이 머물고 있는 곳과, 보현보살의 행을 잘 말해 준다. 보현보살의 몸모양은 형상으로 파악할 수 없는 것이다. 보현보살은 바로 비로자나불의 원만한 원과 완전한 덕을 함께 갖추고 있으므로 육체적 물질적 내지 감각적 이해의 대상이 되는 현상으로서 보현보살을 보거나 측량할 수는 없는 것이다. 보현보살은 그 체성이 법계(法界) 자체인 것이다. 그는 서방국토니 동방국토니 하는 한계적 국토에 머물러 있는 것이 아니고 일진법계(一眞法界)에 진리 자체로서 스스로 머문다.

이와 같이 볼 때 보현보살의 덕과 그 행이 말할 수 없고 생각할 수 없는 법계의 현전(現前)임을 알 수 있다. 그러므로 보현세계를 무어라고 말할 수 없는 것이다. 다만 부득이하여 억지로 법계니 일진법계니 해보는 것이다.

보현의 실상이 이러하므로 보현에게는 따로 버려야 할 중

생도, 타파해야 할 미혹도, 벗어나야 할 번뇌도 그에게는 없다. 실로 보현에게서는 그 일체가 보현의 진법계(眞法界)인 것이다. 『관보현보살행법경(觀普賢菩薩行法經)』에는 "보살심을 일으켜서 대승을 수행하고, 무상 보리심을 잃지 않으며, 또한 번뇌를 끊지 않고, 다시 오욕을 여의지 않고, 육근(六根)이 청정하여 모든 죄를 없이하며, 부모가 낳아주신 이 몸으로 오욕(五欲)을 끊지 않고 모든 경계 밖의 일을 보자면 …… 마땅히 보현을 보라."고 말씀하고 있는 것을 본다.

보현은 바로 이것이 실상(實相)이니 그 앞에는 일체 망상과 업장이 설 수 없는 것이다. 보현보살은 이와 같이 무구청정의 대행을 펴서 일체 중생을 고루 제도하신다.

보현(普賢)이라 하는 것은 그 뜻이 여기에서 연유한 것이다. 보현보살은 그 행 하나하나가 법계에 맞으며 두루 일체에 조화한다.

그의 체성이 두루하지 않은 곳이 없으므로 '보(普)'라고 하는 것이며, 그가 갖춘 항하사 공덕은 말도 생각도 미칠 수 없지만 인연따라 일체처 일체사에서 완전무결한 덕성을 실현하므로 이를 '현(賢)'이라고 하는 것이다.

부처님의 덕성과 공덕을 성취하며 그 국토를 장엄하는 것은 이와 같은 보현에 있어 마지막이라 하는 것이며, 우리들은 보현행원을 배움으로써 이와 같은 보현과 더불어 하나임을 깨닫게 되어야 할 것이다.

창작국악
교성곡

보현행원으로 보리 이루리

보현행원송

서장

나무 삼계대사 사생자부 시아본사 석가모니불
나무 여래장자 법계원왕 만행무궁 보현보살마하살
나무 대방광불화엄경 입부사의해탈경계 보현행원품

거룩할사 부처님 위덕이여
빛나올사 부처님 공덕이여
끝없는 자비하심 걸림없는 위신력이여
아!
무엇으로 견주어 보고 그 누가 짐작인들 하오리까.
시방 일체 부처님이
불가설 불가설 불찰 극미진수겁에라도
다 말씀 못하시는 크옵신 공덕이여
말과 비유와 생각을 넘었어라.
아!
거룩하온 지혜시여
빛나옵신 위덕이여
온 국토 온 생명을 키우시는 빛이시어라 빛이시어라.
불자여 형제여 이 땅의 광명이여
크옵신 공덕문은 활짝 열리고
자비하신 손길이 기다리시니
어서 어서 공덕문에 뛰어 들지라
부사의 해탈문에 뛰어들지라

대원왕 보현행원 힘써 닦아서
무량광 여래공덕 이룰지로다.

개 경 게
위-없이 심히깊은 미묘법이여
백-천- 만겁인들 어찌만나리
내-이제 보고듣고 받아지니니
부처님의 진실한뜻 알아지이다

개법장진언
옴 아라남 아라다 (3번)

대방광불화엄경 입부사의해탈경계 보현행원품
부처님의 크신공덕 한량없어라
제불께서 무량겁을 연설한대도
지니신덕 소분조차 말씀못하네
누가있어 이공덕을 이루려하면
열-가지 행의원을 닦을지로다
열가지- 광대행원 닦을지로다

제1장

1. 예경제불원(禮敬諸佛願)
보현행원 수행하는 보살들이여

모――든 부처님께 예경할지라
시방세계 미진수불 빠짐이없이
눈―앞에 대―한듯 큰믿음으로
청정하온 삼업을― 모두기울여
염념―히 끊임없이 예경할지라

2. 칭찬여래원(稱讚如來願)
보현행원 수행하는 보살들이여
일체여래 모든공덕 찬탄할지라
시방세계 미진수의 부처님회상
한량없는 보살들이 함께하신데
미묘한말 무진음성 모두기울여
염념히― 끊임없이 찬탄할지라

3. 광수공양원(廣修供養願)
보현행원 수행하는 보살들이여
시방세계 일체불께 공양할지라
수행하고 중생돕고 대신고받고
선근닦아 보살업을 쉬지않으며
보리―심 여의잖고 중생거두는
진실공양 법공양에 끊임없어라

4. 참회업장원(懺悔業障願)
보현행원 수행하는 보살들이여
무시이래 지은업장 참회할지라
지난동안 지내―온 무량겁중에
탐심진심 삼독심― 삼업으로서
지은악업 허공―을 지내오리니
염―념히 끊임없이 참회할지라

5. 수희공덕원(隨喜功德願)
보현행원 수행하는 보살들이여
모든여래 지은공덕 기뻐할지라
일체제불 초심부터 무량겁동안
신명을― 바쳐가며 닦은선근과
가지가지 바라밀문 원만히닦아
이루옵신 무상보리 수희할지라

6. 청전법륜원(請轉法輪願)
보현행원 수행하는 보살들이여
일체불께 설법―을 청할지로다
시방세계 끝이없는 불국토에서
미진수― 불보살님 함께하신데
몸과말과 종종방편 모두기울여
묘한법륜 굴리기를 청할지로다

7. 청불주세원(請佛住世願)
보현행원 수행하는 보살들이여
일체제불 주세간을 청할지로다
일체세계 미진수불 열반들때와

성문연각 유무학과 선지식들께
열반에— 들지말고 미진겁토록
중생들을 이락토록 권청할지라

8. 상수불학원(常隨佛學願)
보현행원 수행하는 보살들이여
어느때나 여래따라 배울지로다
비로자나 부처님이 발심하시고
신명을— 아끼쟎고 정진하시며
가지가지 난행닦아 보리이루고
중생들을 성숙시킴 배울지로다

9. 항순중생원(恒順衆生願)
보현행원 수행하는 보살들이여
온갖형상 일체중생 수순할지라
부모님과 스승님과 부처님처럼
섬기고— 받들고— 공양올리며
길—잃은 이에게는 길을가리켜
평등하게 요익하고 수순할지라

10. 보개회향원(普皆廻向願)
보현행원 수행하는 보살들이여
중생에게 모든공덕 회향할지라
중생들이 안락하고 선업닦아서
악도문은 굳게닫고 열반길열며

악업으로 받는고는 대신다받아
모두모두 무상보리 이루게하라

후렴
허공계가 다—하고 중생다하고
중생의— 번뇌가— 다할지라도
보살의— 행원은— 다하지않아

제2장

보살이여 이-것이 열-가지 행원이니
누구나- 이대원을 받-들어 행한다면
이것이- 중생들을 성숙하여 나감이며
아뇩다라 삼보리에 수순하고 행함이며
보현보살 큰행원을 원만하게 이룸이라

어떤보살 세상에서 으뜸가는 칠보산과
인간이나 천상에- 다시없는 안락으로
일체세계 중생에게 무량겁을 보시해도
이원왕이 귀에한번 지나침만 못하나니
그공덕은 만분에도 미치지- 못하니라

어떤사람 신심으로 대원왕을 수지하면
일체죄업 일체고뇌 모두다- 소멸되고
마군이나 나찰들도 발심하고 수호하니
짙은구름 벗어난- 달빛처럼 자재하여
불보살님 칭찬받고 천상인간 예경하리

이사람은 인간되어 보현공덕 원만하고
보현보살 미묘색신 모두속히 성취하고
어느때나 천상인간 승족중에 태어나서

일체악취 일체외도 모두다- 조복받아
사자왕이 당당하듯 중생공양 받으리라

이사람은 연꽃속에 태어남을 보게되고
부처님의 수기받고 시방세계 다니면서
백천만억 나유타겁 중생따라 이익주고
마군중을 항복받아 보리도량 이르러서
무상정각 이루우고 묘법륜을 굴리리라

이사람이 임종할때 일체몸은 무너지고
일체친속 일체위세 따라옴이 없건마는
오직보현 원왕만은 그의앞길 인도하여
찰나중에 왕생극락 아미타불 친견하고
문수보현 관음미륵 제보살을 뵈오리라

한량없는 세계중생 보리심을 내게하고
근기따라 교화하여 무량중생 이익주니
대원왕을 들었거나 그말씀을 믿었거나
수지하고 독송하고 남을위해 말해주는
그사람이 지닌공덕 부처님만 능히알리

그대들은 원왕듣고 의심을- 내지마라
마음비워 받고읽고 능히외워 지니면서
서사하고 남을위해 설해주는 그사람은

일념중에 모든행원 모든복취 성취하여
고해중생 건져내어 극락국에 나게하리

보현행원은 나의 진실생명의 문을 엶이어라.
무량위덕 발휘하는 생명의 숨결이어라.
보현행원은 나의 영원한 생명의 노래
　　　　　나의 영원한 생명의 율동
　　　　　나의 영원한 생명의 환희
　　　　　나의 영원한 생명의 위덕
　　　　　체온이며 광휘이며 그 세계이어라.

내 이제 목숨바쳐 서원하오니
삼보자존이시여 증명하소서
보현행원을 수행하오리
보현행원으로 불국 이루리
보현행원으로 보리 이루리
나무 대행 보현 보살 마하살
나무 마하반야바라밀.

지송보현행원품

1991년 3월 30일 초판 1쇄 발행
2024년 2월 8일 재판 28쇄 발행

옮긴이 광덕 스님
발행인 박상근(至弘) • 편집인 류지호 • 상무이사 김상기 • 편집이사 양동민
편집 김재호, 양민호, 김소영, 최호승, 하다해 • 제작 김명환
마케팅 김대현, 이선호 • 관리 윤정안
콘텐츠국 유권준, 정승채, 김희준

펴낸 곳 불광출판사 (03169) 서울시 종로구 사직로10길 17 인왕빌딩 301호
　　　　대표전화 02) 420-3200　편집부 02) 420-3300　팩시밀리 02) 420-3400
　　　　출판등록 제300-2009-130호(1979. 10. 10)

ISBN 89-7479-606-6

값 12,000원

독자의 의견을 기다립니다. www.bulkwang.co.kr
잘못된 책은 바꾸어드립니다.
불광출판사는 (주)불광미디어의 단행본 브랜드 입니다.